LA
MAGNIFICENCE
DE LA SVPERBE ET TRIVMPHANTE
entrée de la noble & antique Cité de Lyon faicte au Treschrestien Roy de France
Henry deuxiesme de ce
Nom,

Et à la Royne Catherine son Espouse le XXIII.
de Septembre M. D. XLVIII.

A. LYON, Chés Guillaume Rouille à l'Escu de Venise.
1549.
Auec priuilege.

Priuilege.

OVRCE QVE PAR CY DE-
uant on ha imprimé & exposé en vente plusieurs Liures & Cayers de l'entrée du Roy
& de la Royne faicte en leur bonne Ville de
Lyon lesquelz se trouuent incorrectz, men-
songiers, & erronees taisant en plusieurs
endroictz ce qui ha esté faict, & d'aultres
peruertissant l'ordre desdictes entrees, &
abusant par ce moyen les lecteurs de fables
& mensonges au grand desauantaige de la
dicte Ville, & de ceux qui ont faict leur
debuoir, & mesmement côtreuenantz aux
edictz de ne rien imprimer sans autorité de Iustice & sans que l'Imprimeur y
mette son nom, ce que ont teu, & par ce viendroyent punissables si les Imprimeurs desdictes entrees estoyent apprehendez. A ces causes & aultres consider-
rations, il est defendu à tous Libraires & Imprimeurs de ne imprimer & exposer en vente lesdictes entrees sur peine de prison & amende arbitraire. Et ce à la
requeste à nous faicte de la part de Guillaume Rouille marchant Libraire de
Lyon, & ouy sur ce, les Conseilliers & Escheuins de la Ville de Lyon, Il est permis audict Rouille d'imprimer ou faire imprimer les susdictes entrees, qu'il ha
faict veoir & corriger par gentz à ce cognoissantz & qui ont ordonné ladicte
entrée & aussi faict tailler les figures tant des Arcz que autres choses dignes de
veoir reduictes au petit pied au plus près de la verité & luy est permis d'exposer
en vente sans que autre, que luy, ou ayant sa permission, puysse imprimer, ou
faire imprimer soyt auec figures ou sans figures, petite ou grand marge tant
en Italien que Françoys, ny en façon quelconque de deux ans à compter du iour
dacté des presentes, & ce sur peine de confiscation desdictz Liures, de prison, &
amende arbitraire.

Donné à Lyon le XXV. de Ianuier, M. D. XLVIII.

Du Peyrat.

L'ENTREE
DV ROY.

E TRESCHRE-
ſtien Roy de France Henry
deuxieſme uoulant a ſon
heureux aduenement uiſiter
les Frontieres de ſon Roy-
auline, comme Prince pru-
dent, delibera de paſſer en
Piedmont pour y ueoir ſes
fortereſſes,& pour pluſieurs
autres grandz reſpectz : &
de là s'en retourner par Lyon. Ce que Monſeigneur le Re-
uerendiſsime Cardinal de Ferrare, Arceueſque & Conte de
Lyon,& Monſeigneur le Gouuerneur firent diligemment
entendre à Monſieur le Lieutenant du Roy,& Meſsieurs
les Côſeilliers & Eſcheuins de la Ville pour ſe preparer à le
recepuoir à ſon retour. Parquoy Meſsieurs de la Ville, ne
uoulant degenerer à leur antique generoſité Romaine, côme deſcenduz d'icelle, ſe reſolurent unanimement d'eſten-
dre leur debuoir, ainſi que de tous temps ilz ſe ſont mon-
ſtréz touſiours autant deuotement affectionéz à leur Prince, que nulle autre Ville, ou Nation quelconque : & le recepuoir le plus honnorablement, & pour enſemblement

A 2

honnorer les nopces de treshaultz & tresuertueux Princes,
Monseigneur le Duc de Vendosme, & Monseigneur le
Duc d'Aumale, lesquelles se debuoient celebrer en ladicte
Ville. Et pource tant eulx, que Messieurs des Nations, ayât
temps & loysir à faire leur debuoir, dresserent leurs prepa-
ratiues de plusieurs beaux Arcz triumphaux, Spectacles,
Ieux, Combatz, Naumachies, Comedies, & maintz autres
passe temps, tant par eau que par terre, & auec tel & magnifique appareil, comme l'on pourra ueoir cy dessouz.

Sa Sacree Magesté retournât de Thurin arriua sur le tard
à Esnay le XXI. de Septembre M. D. X L V I I I. ou
la Royne & autres Princesses & Dames l'attendoyent : & là
seiourna le lendemain.

Le Dymanche XXIII. fit son entree. Parquoy sur les
dix heures du matin partit d'Esnay monté dens une des
Gondoles expressement faictes pour le seruice & commo-
dité de sa Magesté : Et sur icelle s'en uint par eau disner aux
fauxbourg de Vaise au logis du Mouton, ou l'on luy auoit
dressé une Loge, ainsi que d'ancienne coustume, pour receuoir & ouir les Chefz des Natiós, & Capitaines des Enfantz
de la Ville, qui luy uenoyent faire reuerence, & hommage.
Ladicte Loge estoit couuerte d'un drap de soye uerte à rou
leaux & entrelasseures de fil d'argent, remplies de crois-
sants & chiffres dudict Seigneur : & tout autour, tant dedans que dehors, tendue de riche tappisserie de haulte lisse à
personnages, auec arcades, & appuys sur le deuant, semblablement tournoyez de autre tapisserie uerte : & enrichy le
tout à force festons, chappeaux de triumphe, & armoiries
du

dudict Seigneur de la Royne, & de Monseigneur le Daulphin, tournoyez & enuironnez d'or cliquant.

Sur son disner Monseigneur de Sainct André Gouuerneur & Seneschal de Lyonnois auec les Gétilz hommes du
pays uindrent faire la reuerence & hommage à sa Magesté.
Lesquelz ne furent si tost retirez, que le Cósul de Messieurs
les Geneuois pour certains respectz, d'une anciéne cótétió
de precedure entre la Seigneurie de Genes & de Floréce com
me prouidément discret uint faire la reueréce à sa Magesté
en la sorte,qui s'ensuit. A scauoir ledict Seigneur Consul au
milieu de ses deux Conseilliers uestu de robe courte de uel-
lours noir,& doublee de satin noir,la fente des máches clo-
se de boutons d'or gros & larges: casaquin de mesme ue-
lours:pourpoint & hault de chausses de toille d'argent,sou-
liers de uelours blanc : la berrette de uelours noir. Et marchoient deuant luy huict laquais uestus de satin blanc pourfilé de bisette de soye noire, le bonnet de uelours noir, la
plume blanche. Et estoit le susdict Seigneur Consul accompaigné d'un bon nombre des siens de deux à deux uestus de
semblable accoustrement.Et au deuát de chascun d'eulx che
minoyent deux laquais uestus, comme les premiers,& ainsi
alloyent lesdictz laquais de quatre à quatre pour ranc audeuant de leurs Maistres richement mótez sur Genetz, Turcz,
& cheuaulx de Royaume couuertz de uelours noir. Et en
cest ordre, & ainsi pompeux se presenterent à sa Royale
Magesté : & apres se retirerent en leurs logis.

Sur l'heure de Mydy tout le Clergé s'en uint auec les Ban
nieres des Confreries iusques au long de l'Observance,& là

A 3   les

les rangerét, côme de toute anciéne couftume. Et de là Meffieurs les Doien, & Contes de Sainct Iean auec leurs grand
robes de fatin, damas, & taffetas pafferent oultre fur
leurs Mulles, & uindrent faire la reuerence à fa Magefté:
puys s'en retournerent l'attendre deuant la grand Efglife.

Ce pendát Mefsieurs de la Iuftice, les Meftiers, Artifans,
Notables, les Nations, Enfantz de Ville, & Confeilliers, qui
s'eftoient tous rendus hors la Ville pour fe ranger, cómen-
cerent à s'eftendre pour entrer, & paffer audeuant du Roy,
qui les attendoit en fa loge en l'ordre fuyuant.

Premierement le Preuoft des Marefchaux & fon Lieutenant marchoient auec leurs Archiers tous à Cheual, & ue-
ftuz de fayes de drap uert, une manche & le bort du faye
de broderie blanc & uert, ayant chafcun manches de Mail-
le, & un bafton en la main pour ranger la gráde multitude
du peuple infolemment eftendue par les Rues, & incroya-
ble, tant de ceulx de la Ville & gétz de Court, que des eftran
giers & lieux circonuoyfins, comme de Bourgoigne, Daul-
phiné, & d'ailleurs, uenus pour ueoir ladicte entrée. Et par
ce moyen y eut meilleur ordre, qu'on n'euft penfé, ueu la
grand foule.

Aufsi fut aduifé, que pour euiter côfufion, les Capitaines,
Lieutenantz, & Enfeignes marcheroient enfemble de troys
à troys, & feroient fuyuiz de leurs Bádes l'un apres l'autre,
& chafcune en femblable ordre de troys.

Et en premier le Lieutenant du Capitaine de la Ville con
duifoit la premiere Báde móté fur un grád Cheual d'Efpai-
gne

gne richement harnaché de houppes d'or & de foye & de
pennache: & luy d'une cafaque de uelours noir toute efpaif-
fement femee de boutons d'or faictz à rofes : & audeuant de
luy deux laquais ueftus de fatin bleu. Apres luy les Hacque-
bufiers de la Ville de troys à troys en nôbre de troys centz
trente huict habillez de blanc & noir. A fcauoir, le collet &
chauffes de uelours noir chargez de boutons & fers d'or: le
pourpoint de fatin blanc, & doubleure de chauffes de taffetas blanc rayé d'or:chafcun fon mourrion doré auec le pennache de blanc & noir femé de paillettes d'or:la harquebou-
fe & le refte des autres armes femblablement dorez: accompaignez de leur Enfeigne ayant au milieu les armes de la
Ville, une hacquebute au deffouz, auec leurs Tabourins &
Fiffres de mefme liuree,pour un ioyeux commencement de
leur fuytte.

Au dos defquelz fuyuoit la fecôde Bande,au premier ranc
de laquelle(felon la deliberation de l'ordre, que dict a efté cy
deffus)marchoient troys Capitaines, A fcauoir, des Bouchiers,Cartiers,& Cofturiers,chafcun de la coleur de fa bande. Celluy des Bouchiers ueftu de bonnet, collet, pourpoint, chauffes, & fouliers de uelours cramoify de haulte
coleur,decoupéz & couuertz de gros fers & boutons d'or.
Celluy des Cartiers de uelours noir paffementé d'argent,
boutonné pareillement de gros fers d'or.Celluy des Coftu-
ries de noir, blanc, & uert richement paffementé & brodé
d'or & d'argét,leurs piques a ferz doréz garnies par le hault
& milieu de uelours: leurs Tabourins & Fiffres deuant eulx
habillez de blanc & noir:lefdictz Capitaines fuyuiz des Bou
chiers en pareil ranc de troys:les fix premiers râgs couuertz
de

de Animes & Mourrions dorez : chauffes & fouliers de uelours rouge : le pennache de mefme coleur : efpee & dague
dorees, le fourreau de uelours cramoify. Et apres eulx leurs
compaignons habillez de uelours, fatin, & le moindre de
taffetas cramoify, leurs piques la plus part dorees, & en
nombre de quatre centz foixáte fix. Apres lefquelz uenoient
leurs troys Enfeignes ueftus prefque comme leurs Capitaines : au deuant d'eulx leurs Tabourins & Fiffres : lefdictz Enfeignes fuyuis de cent foixáte & douze Cartiers habillez de
blanc & noir, le plus de uelours & fatin. Apres les troys
Lieutenátz non moins braues, que leurs Capitaines, ayantz
leurs Taborins & Fiffres audeuant, & fuyuis des Cofturiers
en compagnie de troys centz trente troys habillez de blanc
noir & uert, plaifante fin de la feconde fuytte.

En la troyfiefme bande troys autres Capitaines furent en-
femblement rangez : A fcauoir des Tainéturiers ueftu de uelours gris & noir richement couuert de fers d'or : Des Orfeures de uelours noir doublé de taffetas blanc doré : & le
collet, pourpoint, & chauffes garniz de gros Iaferans en-
trefeméz tant de petitz & gros bouttons, que de fers d'or :
Des Tiffotiers habillé d'une mefme coleur blác & noir tout
paffementé & pourfilé d'or : leur piques iagayees de pareille
couleur à fers dorez : Tabourins & Fiffres audeuant. Au pas
defquelz les Tainturiers ueftus de gris & noir en nombre de
quatre centz quaráte fix. les cinq ou fix premiers rangs couuertz d'Animes & Mourrions (le plus) dorez, eftoiét fuyuiz
des troys Enfeignes non moins braues & richement accou-
ftrez, tirantz apres eulx deux cétz uint & fix Orfeures tous
greslez & tépeftez les uns de fers, les autres de boutons d'or
& plu

& plusieurs de croissantz d'argent sur leurs colletz, pourpointz, & chausses de uelours noir merueilleusemét beaux
à ueoir. Les troys Lieutenantz accompaignez de quatre
centz cinquante neuf Tissotiers portantz blanc & noir, &
presque tous bónetz, colletz, chausses & souliers de uelours
passementez & pourfilez de cordons d'or & d'argent non
moins richement delectables à chascun, que leurs compaignons precedantz.

La quatriesme Bande fut semblablement conduicte
par autres troys Capitaines des Charpentiers, Selliers, &
Massons, & tous bien en ordre auec leurs Tabourins &
Fiffres suyuiz de troys centz & seze Charpentiers uestus de
blanc & noir: & sur la queüe les troys Enseignes brauement
accoustrez marchant deuant deux centz quatre uingtz & six
Selliers habillez de blanc noir & rouge: colletz & chausses
de uelours noir doublez de satin & taffetas blanc, le pourpoint de satin, ou taffetas rouge cramoisy, qui estoit une
fort belle trouppe suyuie de leurs trois Lieutenantz parez
de mesine les Capitaines auec trois centz & six Massons de
liuree blanc & noir assortiz de Tabourins & Fiffres, aug-
mentant tousiours la ioye du peuple regardant.

Autres troys Capitaines faisoient le premier rang de la
cinquiesme Bande: celluy des Tisserantz uestu de bonnet,
collet, chausses, & bottines de uelours cramoisy de haulte
couleur tant couuertz de riche broderie de gros cordons &
canetilles entrelassees de gros fers, petitz & grádz bouttons
d'or, que à peine ueoit on le rouge: celluy des Cordoániers
bonnet, collet chausses, & souliers de uelours noir, pour-

point & le reſte de ſatin blanc,& tout paſſementé & pourfilé d'or : celluy des Eſpingliers bonnet, collet, chauſſes, &
ſouliers de uelours noir:le pourpoint de ſatin cramoiſy, la
doubleure des chauſſes correſpondát,rayez de paſſementz
& traſſes d'or.Apres leſquelz paſſoient quelques premiers
rangs armez & accompaignez de deux centz & ſept Tiſſe-
rans portantz rouge & noir:les troys Enſeignes derriere
eulx braues & bien en ordre,& marchantz deuát deux centz
cinquáte ſix Cordoanniers ueſtus de blanc & noir,laiſſantz
à leurs eſpaules les troys Lieutenantz autant brauement en
ordre,& conduiſantz centz quatre uingtz & douze Eſpingliers portantz le pourpoint de uelours,ſatin, ou taffetas
rouge,le collet & bonnet noir auec plume blanche, & grace
ſatiſfaiſant à chaſcun.

Tout d'un ordre ſuruint la ſixieſme Bande autant belle,
que plaiſante pour la diuerſité des couleurs:laquelle cómen-
ca par le rang de ſes troys Capitaines de Rue neuue accou-
ſtré de uelours noir,blanc,& bleu mouchetté menuement
de bouttons d'or,accópaigné du Capitaine des Chappeliers
ueſtu de uelours blanc & noir & uerd à petitz grains d'or,
ſuyuant d'un meſme pas auec celluy des Fondeurs en habit
de uelours blanc, & noir,& aurangé,recamé & biſetté d'ar-
gent.Et lequel rang auec ſes Tabourins & Fiffres de meſme
fut ſuyuy d'aucuns autres armez de corſeletz & animes, & la
ſuytte de Rueneuue en liuree de noir blanc & bleu, & en
nombre de quatre centz uingt & troys:leſquelz eſtoient ha-
ſtez de troys Enſeignes ſuyuantz auec meſmes couleurs de
leurs enſeignes, guidantz apres eulx cent ſoixante & ſeze
Chappellier de blanc noir & uert:Et à la file les troys Lieu-

tenantz, qui renoueloient chafcun la braueté de fa bande au-
deuát de deux centz uingt & fix Fondeurs en accouftrement
au rangé de uelours, fatin, ou taffetas barré de blanc & noir,
au contentement du monde refiouy de les ueoir.

Le long de deux piques, apres Tabourins & Fiffres, troys
autres Capitaines faifoient le front de la feptiefme Bande,
qui eftoient: celluy de Sainct Vincent ueftu le pourpoint de
fatin cramoify decouppé & doublé de taffetas blanc argenté : le coullet de uelours noir decouppé & doublé de pareil
taffetas : chauffes de fatin cramoify doublés de mefme : les
taillades & menues decouppeures entreclofes de fers d'or.
Aupres duquel celluy des Pelletiers auec pourpoint de
fatin gris pourfilé d'or, le bonnet, collet, & chauffes de
uelours noir doublez de fatin gris garnis d'or, tenoit rang
auec celluy des Imprimeurs tout ueftu de uelours iaulne
paillé biffetté d'argent, laiffant fuyure apres eulx troys
centz & trente de Sainct Vincent, un bien grand nombre
des premiers armez, & les autres de blanc noir & rouge
auec leurs troys Enfeignes femblables à leurs Chefz, &
marchantz deuant cent quatre uingtz & fept Pelletiers habillez quafi tous de bonnetz & colletz de uelours ferrez
d'or : pourpoint & chauffes de fatin gris : la plume blanche, picques & autres armes dorees, auec les troys Lieutenantz faifantz monftre au dernier fquadron de leur compagnie, qui eftoient quatre centz & treze Imprimeurs portantz pourpoint, chauffes, & fouliers iaulnes, le collet
& bonnet noir auec le petit touppet de plume blanche fur
le derriere, pour la derniere trouppe des gentz de meftier:
lefquelz furent tous grandement louez & prifez du Roy,

& de tous autres,& mefmement pour le grand ordre,graui-
té,& filence,qu'ilz tenoient autant que gentz de guerre fcau
roient faire, & fans que l'on ueift aulcun Sergent de bande
courant parmy eulx,comme eft de coftume, ains marchant
toufiours auec le Cap de fquadre & fans abandonner fon
rang pour hafter, ou ranger la trouppe: qui fut chofe aux
regardantz efmerueillable, & mefme à tous Capitaines, &
entendantz le faict de la guerre,de ueoir fi gros nombre de
gentz de Ville en fi peu de temps,que d'une heure & demye,
eftre fi bien rangez,& en fi bel ordre, fans que l'on ueift tout
le long de la Ville toufsir, ne parler un feul, & fans entre-
rompre fon ordre fuft pour faluer aulcun, ou autre occa-
fion quelconque: qui monftroit affes aux cognoiffantz, que
la plufpart d'eulx auoient quelques fois fuyuy les armes. Or
nous les lairrons paffer deuât pour faire place aux Nations,
qui fuyuoient en cefte fuperbe pompe.

Et premierement uenoient quatre ieunes Pages de la Nation Luquoife habillez à la mode de l'antique Cauallerie
Romaine comme de corfelletz d'un fin drap d'argent artifi-
ciellement umbragé, agros tymbres fur les efpaules bouffantz de toille d'argent,fur lefquelz eftoient attachez gueul
les de Lions:petitz haultz de chauffes uenantz iufques à demy cuiffe,petites mafquines fur les genoulx: & par deffus
un Paludament militaire, qui eft un mâteau pareil à celluy,
que les Bohemiens portent auiourdhuy, toutesfoys court
iufques aux genoulx, & lequel eftoit de toille d'argent la
plus fubtile & deflié, qu'on fcauroit trouuer, bordee tout
autour d'un petit bord de frange de foye noire:& femé par
deffus de petitz bouttós noirs à deux doigtz l'un de l'autre:
lequel

lequel manteau estoit noüé sur l'espaule droicte,& rebrassé
sur l'autre le demourant du corps tout nud,comme bras &
iambes,& la teste à cheueulx crespez à la Cesariane:montez
sur quatre grandz cheuaulx autant beaulx qu'il est possible
Harnachez d'une petite housse de mesine toille d'argent iusques au dessouz du uentre du Cheual, le bas à lambeaux
rondz enrichiz de force houppes de fil d'argent:la bride seulement d'un gros cordon d'argét:le pennache blanc paillet-
té d'or. Et ainsi marchoiét iceux Pages le petit pas asses loing
l'un de l'autre:& quelque foys par interualle faisoient bon-
dir leurs cheuaulx de si bonne grace, que chascun prenoit
grád plaisir à les ueoir,& se tenir si bien sans selle,ny estrieu.

A leur queüe marchoient les gentz de pied de ladicte Nation en bon nombre de deux à deux uestus de uelours blanc
à petites menues bandes de uelours noir par dessus ,& du
long dudict accoustrement.

Apres eulx uenoit la Seigneurie Luquoise tous uestus de
bonnetz,chausses, Iuppes,& robes de uelours noir doubles
de satin noir à collet renuersé:montez sur Mulles harna-
chées & houssees de mesine uelours , marchant semblablement deux à deux en grauité de magnificence & nombre requis pour merueilleusement esbahir,& contenter les yeulx
des regardantz.

Tout ioingnant d'eulx cheuauchoient suyuamment les
Pages de la Nation Florentine en nombre de six: les deux
premiers beaux enfantz de sept ou huict ans:la seconde cou-
ple de l'eage de enuiron treze ans : les derniers de seze à dix

sept ans, montéz tous sur fort beaulx Cheuaulx Turcz har-
nachéz de toille d'argent brodé de soye noire, auec petites
houffes de uelours noir à broderie de fil d'argent, & grand
plumes noires & blanches sur l'oreille. Lesdictz Pages uestus de casaques de toille d'argent à une grand manche pen
dant du costé gauche brodee de noir & blanc : fort beaux
chappeaux de toille d'argent à la Pollacque, marchantz fie-
rement, & d'une espace entre eulx moiennement distante.
Lesquelz furent incõtinent preffez de la Seigneurie Florentine en nombre de trente sept, se costoiant deux à deux sur
grandz Cheuaux Turcz, & Genetz d'Espaigne, & en grand
respect d'ordre : A scauoir, un rang de cheuaux Turcz, & l'au
tre de Genetz, tous harnachez & couuertz de houffes de uelours noir. Et lesdictz Seigneurs Florétins uestus de robe de
uelours cramoify rouge de haulte couleur à collet quarré
double d'un fort beau drap d'or uiolet, plufieurs gros bouttons d'or aux mâches : Le faye de fatin uiolet cramoify brodé d'or : les hauz de chauffes de uelours rouge cramoify, & le
bas d'efcarlatte : bónetz & fouliers de uelours noir Chafqué
rang d'eulx auoit deuãt foy quatre Laquais ayantz bónetz,
pourpoint, & chauffes de fatin blanc bigarré de noir, & un
collet de uelours noir : plumes blanches & noires : chafcun
fon efpee garnie d'argent. Au dernier rang leur Consul au
millieu de fes deux Conseilliers paffantz quelque peu plus
leurs cõpaignons en riche magnificence d'un mefme accouftrement & telle certes, qu'elle ne pouoit eftre affes contem-
plee en paffant pour le grand defir, que le monde prenoit à
ueoir fi fuperbe & riche compagnie.

Tout d'un fil uindrent Mefsieurs les Milanois en pareil
ordre de deux à deux ueftus de robe de mefme facon de da-

mas

mas noir à grãdz fleurs, troys petitz canons de uelours tout
autour, fers & bouttons d'or femez efpais fur les manches:
fayes à manche bordé côme deffus:chauffes de uelours a bro
derie : bonnetz & fouliers de uelours : montez tous fur hacquenees en harnois de uelours iufques aux eftriuieres auec la
grãd houffe de drap noir à troys bandes de uelours:chafcun
deux Laquais deuant foy en pourpoint & chauffes de fatin
cramoify doublez de taffetas rouge:bonnet,foliers, ceincture, fourreau d'efpee & dague de uelours rouge : la plume
blanche,& en compagnie fuffifante pour fatisfaire grandement,uoire aux plus delicatement uoyantz.

Pour les derniers des Nations uenoient Meffieurs les Allemans portãtz pourpoint de fatin blanc decouppé & doublé de toile d'argét:la cafaque de fatin noir à grãd bande de
uelours noir decouppé : le bonnet de uelours : & montez
fur gros Rouffins, le harnois & houffe courte de uelours
noir frangé d'argent:chafcun fon Laquais habillé de chauffes & pourpoint de fatin blanc à paffementz blancz frizez
bouffantz de taffetas noir.

Furent fuyuiz lefdictz Seigneurs Allemans de la Iuftice
ordinaire de la Ville:A fcauoir, en premier les Sergentz de
Monfeigneur le Reuerendiffime Cardinal de Ferrare Arce-
uefque & Conte de Lyon uenantz à Cheual deux à deux en
faye de drap incarnat,vne manche & bort large de broderie
blanc & noir, couleurs dudict Seigneur Cardinal,auec leur
Preuoft, les Greffiers, & la Crie deuant le Lieutenant de
Monfieur le Iuge accõpaigné de Meffieurs le Promoteur,
Aduocat,& autres Officiers dudict Seigneur Reuerendiff.

Et peu apres marchoient les Sergentz Royaux a Cheual
portantz leurs baftons painctz d'azur & femez de fleurs de

lys d'or audeuant des Greffiers de la Seneschausé. Apres lesquelz uenoiét Messieurs les Esleuz & Receueurs non loing
de Messieurs les Lieutenantz general & particulier, Monsieur le Conseruateur, suyuiz de Messieurs les gentz du Roy
& Conseilliers du Parlement de Dombes, tous uestus de
grandz robes de satin, damas, & taffetas, sur Mulles harne-
chees de uelours, grandz housses de fin drap noir.

Messieurs les Notables, Bourgeois, & Citoiens de la Ville
sur leurs Mulles & Hacquenees la bride de uelours, la housse
de drap, & eulx accoustrez honnestement, chascun selon son
estat & pouoir, de robes de soye & drap, tenoient le dernier
rang deuant les Enfantz de la Ville en grand multitude &
bel ordre.

Icy cómença à se monstrer l'auantgarde de la fanterie de
Messieurs les Enfantz de la Ville, laquelle estoit de soyxante
tant corseletz, que Animes, auec Mourrions, espees, & da-
gues, le tout mignonnement doré: le pennache de la couleur
desdictz Enfantz de Ville, qui estoit meslée auec celle du
Roy & de la Ville, comme de blanc, noir, & rouge: la pique a
fer doré, au bout, & au millieu reuestue de uelours des mesmes couleurs rouge blanc & noir: & ainsi marchoient en
rang de troys, qui estoit une trouppe de grand monstre &
braue à merueilles.

Apres lesquelz uenoient douze Gladiateurs, ou Comba-
tans, desarmez, six uestus de satin blanc, six de satin cramoisy
en quatre rangs de troys à troys. Lesquelz arriuez deuant la
loge du Roy, se planterent en la presence de sa Magesté, & ià
com

commencerent un combat à l'antique, non quāt aux armes,
mais quāt à l'ordre de se sçauoir secourir, & entrer les rangz
les uns dans les autres sans se rompre. Au reste ilz comba-
toient premierement à armes differentes, A sçauoir, une
Corseque, ou Iagaye contre une espee à deux mains. Et com
bien que ce fussent armes longues, & qui requierent lieu large & spacieux pour s'en ayder, si estoient elles au mylieu de
leur rang, & en rue non gueres ouuerte. Les autres comba-
toient de deux espees contre une espee & une imbrassiature,
qui est un pauoys le long d'un bras, & un pied de largeur
ployant en rond: les autres de l'espee & poignard Bolo-
gnois contre espee & bouclier Barselonnois. Et ainsi ordon
nez le second rang se tourna deuers le tiers. Et apres s'estre
regardé l'un l'autre, commenca d'une grande roideur à as-
saillir le troisiesme rang auec leurs susdictes armes tranchan
tes & non fainctes, & en telle fureur, que, apres auoir long
temps chamaillé l'un sur l'autre, les secondz rambarrerent
leurs aduersaires iusques aux quatriesmes: lesquelz voyantz
leurs compaignons hors d'alaine & repoulsez, entrerent
dens eulx repoulsant aussi uirilement les secondz ià lassez
& trauaillez, se defendantz toutesfois & soubstenant coura-
geusement iusques à leurs compaignons, qui faisoient le
premier rang: lequel pareillement entra au secours par dedans eulx. Et cependant que les deux rangz, qui premiers
auoient combatu, reprenoient uent, se ioignit à leurs ennemys. Et en ceste ruse d'ordre le premier & dernier rang se
trouuerent au mylieu combatantz en telle furie, qu'il ny
eut si bóne Iagaye, qui ne fut couppee en deux & troys tron-
cons, la plus part de leurs espees, tant à deux mains, que des
autres (quelque uielles lames quelles fussent) uolerent en

C

pieces : qui efpouantã de prime face les regardantz ignorantz leur adreffe, & tellement que de plufieurs lieux on
crioit qu'on les fecouruft, ou qu'on les defpartit. Et fur ce
l'un des deux premiers rãgs laffez, ayant pris aïr frais, entra
dans le rang de fes compaignons:& ainfi en front de fix fe
getterent tous enfemble fur le rang de troys, qui tint affes
longuement bon, combatant deux contre un iufques à ce
que eftant par trop preffé de fi lourde charge, fut con-
ftrainct de fe retirer, en foubftenant toutesfoys utrile-
ment iufques aux derniers, lefquelz pour leur fecours fe
rangerent parmy eulx d'une fi grande adreffe, qu'il fe trouuerent fix cõtre fix. Et à lors fe chargeantz d'une grãde uio-
lance fe rancontrerent armes pareilles: Iagaye cõtre Iagaye:
efpee à deux mains cõtre efpee à deux mains, deux efpees cõtre deux efpees, & ainfi des autres : & de telle impetuofité,
qu'a la fin les uns enfoncerent les autres. Et toutesfoys tant
les rompus, que les autres, fans fe mettre en defordre, foub-
dainement monftrerent face les uns aux autres, & fe rechar-
gerent fi uertement, que les premiers rompus enfoncerent
aufsi les autres auec autant de bonne grace & ioye fur la fin,
qu'ilz auroient efté au cõmencement effroy & crainête aux
regardantz. Lequel paffetemps fut le premier & celluy, qui
aye donné autant de fatisfaction à fa Magefté, cõme d'une
nouuelle mode de combatre & fi dangereufe, en forte qu'il
la uoulut encor reueoir fix iours apres fon entrée. Le plaifir
de ce combat dura quelque peu plus de demye heure, & euft
recõmencé, fi leurs armes ne fuffent fi toft fallies au bon uo-
loir, qu'ilz auoient de mieulx faire : quelque pleins de fueur,
& hors d'alaine qu'ilz fuffent. Et ainfi s'eftant retrouuez en
leur premier ordre fe mirent apres l'auãgarde, qui les atten-

doit

doit au retour de la rue ſans ſe mouuoir de leur ordónance,
quelque enuie que le ſon & bruyt des armes leur donnaſt, &
meſmemét que peu ſcauoient ceſte entrepriſe, qui ne pouoit
moins, que leur augmenter d'auantaige le deſir de ueoir.

Et ainſi en ceſte conſtance & grauité de marcher, tant
ceulx de deuant, que les premiers ſuyuantz leſdiĉz Gladiateurs, pourſuyuirent leur ordre. Au premier rancontre les
Fiffres & Tabourins deuant douze Parteſaniers de la garde
du Capitaine de la ſuſdiĉte fanterie ueſtus de gris blanc &
noir, liuree de leur Chef, & à l'antique, ſe rangerent à la file
des autres troys à troys. Et à leur dernier pas uenoit le Capitaine ſeul & premier marchant deuant toute ſa bande, &
preſque d'une meſme facon d'accouſtrement auec les ſiens,
& de leur meſme couleur deſſuſdiĉte : le corps & tout ce qui
en pouoit dependre, de rouge : le reſte de blanc & noir, diffe-
remment toutesfoys, & chaſcun ſelon ſon pouoir : les uns
de uelours rouge cramoiſy, & de haulte couleur : les autres
de toille d'or rouge : quelques autres de drap d'or figuré de
uelours rouge, & autour dudiĉt uelours enrichy de broderie de cordons & petites chaynes d'or : & les moindres de
ſatin cramoiſy. Leur accouſtrement ſuyuoit à peu pres la
mode des ſayes militaires Romains, ou bien leurs cuyra-
ces, & neantmoins ſans hault de manches, ce que les Romains portoient, & tel le portoit auſsi le ſuſdiĉt Capitaine à difference des autres. Mais tous ceulx de ſa Bande & des
gentz de Cheual auec une trop plus grand grace imitoient
plus proprement la forme du corps d'un Allecret d'au-
iourduy. A ſcauoir, le deuant du ſaye ne montant plus hault
que le deuant de la poytrine, & le deſſus quarré iuſques aux

ioinctures des efpaules, uuydant en rond par deffouz l'effelle: le derrier de femblable efquarreure, & finiffent en bas
à l'eftendue de la bufte. Tout autour un tiffu ou paffement
d'or ou d'argent le large de deux poinctes de doigt garny
de perles à gros bouttons faictz à boüillons de Turquoifes,
ou aultre pierrerie. Tout le refte couuert d'une Morefque
de la plus riche broderie de guypure de fin or, qu'on pour-
roit ueoir, enrichie par dedans de rofes & fleurs de moiennes & menues perles. Le bas du faye à double lambeaux : les
deffus quarrez, les autres rondz en efcaille : chafcun d'iceulx
bordé de paffementz d'or, & recamé de mefme guypure.
Au deffouz defquelz lambeaux pendoit une falde (qui eft un
bas de faye defcendant un peu plus que demy cuiffe) de toille d'or noire, uelours, ou fatin noir de femblable recameure
que celle du pourpoint, lequel eftoit aufsi de toille d'or, uelours, ou fatin noir couuert defcailles à gros doubles cordons de fil d'argent : le collet hault, & par le deffus duquel le
collet aufsi de la chemife ouuré à fin or & perles fe renuer-
foit en bas, & deffus le deuant de la manche eftroicte dudict
pourpoint : & dans chafque efcaille en l'une un boutton
d'or, en l'autre une perle, & en plufieurs eftoilles & croiffantz d'or ou d'argent. Le deuât & derriere du corps dudict
faye fe ioignoit par deffouz l'effelle auec courtes bandes en
mode de lames, qui eftoient pareillement de tiffu, ou paffement d'or ou d'argent: Et par deffus chafque efpaule de deux
courroies, comme d'un Corfelet, la deffouz plus large &
rouge, felon le faye: la deffus toute d'or à gros bouttons gar
nis de pierrerie & aultre riche eftoffeure. Au plus hault de la
poytrine droict au milieu, & au deffouz du tiffu ou paffement eftoit attaché une groffe tefte de Lion, aux uns toute
                                                          d'or,

d'or, à plusieurs d'argent doré serrant une boucle d'or entre
les dentz, & en lieu d'yeulx, dyamantz, rubys, ou grosses
perles : & une autre pareille teste entre les deux espaules.
Aux anneaux desquelles estoient attachees à plusieurs grosses chaines d'or, & à maintz autres deux tissus, ou corroies
de uelours, ou satin cramoisy garnies de bouttons estoffez
de diuers enrichissementz. Au bout desquelles pendoit la
petite cymeterre expressement forgee de deux piedz & demy pour le plus : dont le pommeau estoit d'une teste de lyon
ou griffon d'or, les yeulx & langues de pierrerie : & pour la
garde une teste de Bouc sauluage, les cornes duquel estoient
estendues, & seruoient de croisee : & le bout d'une masque
d'or de beste estrange, par la gueule de laquelle issoit le bout
de la gaine, qui estoit de uelours ou satin cramoisy rouge, &
seruoit de languette. Les chausses estoient au surplus toutes
de drap blanc, le hault recamé & brodé d'or semé de perles :
& les petites bottines de toille d'or, uelours, ou satin noir,
le derriere uuydé selon la rondeur du bottet de la iambe, &
le deuát esleué en poincte iusques à my greue : aulcunes bro-
dees à escailles d'argent, & au milieu force bouttons d'or &
perles : autres de diuerse broderie. Le Mourrion à creste de
uelours, ou toille d'or noire à gros feuillages releuez de fine
broderie d'or, & par dedans à petites escailles de cordons
d'argent entresemees de perles & bouttons, & autre riche
pierrerie : le dessus de la creste, & tout le bord d'autour listé
de perles uniment grosses : le gros pennache double sur le
derriere de rouge blanc & noir reluisant d'ung grand nombre de pailletes d'or & perles menues : Portantz tous en la
main droicte une Iagaiette d'un dard & demy de Bresil avát
son fer à chasque bout expressement forgé à l'antique à dou-

ble reprife tout doré,& les deux boutz de la hante garnie de
uelours,bouquetz de franges,& houppes à cordons penden
tes de blāc & noir : car le boys,qui eftoit rouge, acheuoit la
couleur de leur deuife. Et en cefte mode le Capitaine marchoit au deuant des fiens, qui le fuyuoient d’affes bon interualle de troys à troys,le bras du bafton long pendát,& l’autre main fur la poignee de la cymeterre : qui faifoit efiner-
ueiller le monde de ueoir tant admirable compagnie de enuiron huiɥ uingtz tous d’une pareure, d’un ordre, & d’une
grauité:leur Portenfeigne au mylieu auec fa garde, Tabourins, & Fiffres de mefme forte: la grand enfeigne de taffeta
cramoify trainant iufqu’a terre, & au mylieu un grád Lion
d’argent rampant, qui font les armes de la Ville. Le Lieutenant à la queüe conduifant l’arriegarde de autres foixante
tant Allecretz, que Animes fuperbement dorez : & fur le
Mourrion doré le gros pennache blanc & noir & rouge : Et
chauffes d’efcarlatte : fcalpins, ou bottines de uelours rouge
cramoify. Et en telle filence requife à leur braueté s’entre-
fuyuantz de pas lent & graue, ie uous laiffe à penfer, lequel
eftoit plus grand,ou le contentement, ou l’esbaif-
fement de chafcun de tous ceulx, qui en les
regardant leur fembloit perdre
la ueüe en l’admiration
d’une chofe in-
croyable.

*_**

La figure du Capi-
taine a pied.

 AIS AINSI QVE
chaſcun ſe ſeignoit des merueilles,
qu'il ne pouoir croire, non à ſes
propres yeulx, uoicy une fanfare de
douze Trompettes à Cheual, chaſcun ſa cotte d'armes auec la bannerolle de taffetas bleu pédant à leurs
trópettes, leſquelz firent remettre
le monde aux feneſtres, & ſe preſſer l'un l'autre pour ueoir
ſix Pages d'honneur, qui uenoient apres eulx ſur les grandz
Cheuaulx du Capitaine de la Cauallerie des Enfantz de la
Ville ueſtus auſsi de bleu, couleur dudiɕt Capitaine: les Cheuaulx tous harnachez de uelours de la propre couleur brodez & porfilez d'argent: le grand pennache ſur l'aureille
pailleté d'or, choſe non moins reſiouyſſante, que agreable.
Non loing deſquelz le Capitaine, ſon Lieutenant, & Enſei-
gne en la ſuytte de ſoixante & dix uenoient tous parez de la
meſine facon & enrichiſſement, que ceulx de pied, fors des
bottines, & du Mourrion, qui eſtoient rouges de toille d'or,
uelours, ou ſatin cramoiſy brodez de la meſme guypure de
leurs ſayes, & en telle & pareille richeſſe de pierrerie: leurs
eſpees non pendentes, ains attachees au coſté, la plus part a
groſſes chaynes d'or: chaſcun ſes deux Laquais deuant ſoy:
les uns portantz la deuiſe de leurs maiſtres, les autres de la
compagnie. Et eſtoit ledict Capitaine, & ſa trouppe ſur
grandz Cheuaux Turcz, Barbres, & Genetz d'Eſpaigne harnachez de doubles caparaſſons : celluy de deſſus de drap
d'argent à bandes, croiſures, & entrelaſſures de ſatin cramoiſy, ou toille d'or rouge couuerte de riche broderie ſe-
mez de perles, & le bas faict à lambeaux quarrez à grandz
houp

houppes d’or & de perles. Et celluy de deſſouz de toille d’or
noire, uelours à lambeaux rondz brodé à double eſcaille de
cordons d’argent, & en chaſcune eſcaille un bouton d’or &
perle entremeſlez, correſpondant au pourpoint & bas du
ſaye pour augmḗter la grace: force houppes de fil d’argent,
& ſoye noire auec petites timballes d’argent ſi plaiſamment
reſonantes, que l’harmonie de leur doulx ſon ne chatouil-
loit moins les eſperitz du peuple eſtonné, que l’eſclair des
pierreries reluiſantes eſblouiſſoit les yeulx de tel, qui en les
uoyant ne ſcauoit s’il ſongeoit, ou uiuoit. Car à la uerité c’e-
ſtoit plus toſt une droicte faerie, que choſe urayſemblable.
Et qui accroiſſoit merueille ſur merueille, ceſtoit de ueoir le
Capitaine, Lieutenắt, Portenſeigne, & bṓne part des autres
ſi dextres à cheual, & ſi bien le ſcachant manier, faire penna-
des, bṓdir, uoltiger, & redoubler le ſault en laïr: qui ne pou-
uoit donner que grand plaiſir au Roy, aux Princes & autres
Gentilz hṓmes, non ſans s’eſbahir de les uoir (pour gḗtz de
uille, & non appellez à celà) ſi à droictz, qu’il ſeroit preſque
impoſsible de mieulx faire. Ce qui tourna à une non
petite loüange, meſmement à ceulx, qui s’y
porterent glorieuſement à leur
honneur, & contentement
du monde tout eſper-
du de ioye &
d’aiſe.

**
*

.D.

La figure du Capi-
taine a Cheual.

 **VYVAMMENT VE-**
noient à cheual les quatre Mãdeurs
de la uille auec leurs grandz robes à
une manche defcarlate aux armoiries & deuife de la Ville à riche &
groffe broderie. Et apres eulx le Capitaine de la Ville ayant deuant foy
douze hommes ueftus de fatin bleu
& blanc:& luy ueftu d'un cafaquin de uelours noir efpaif-
fement greflé de grãdz & petitz tant boutons, que fers d'or:
monté fur un grand Genet harnaché de uelours noir couuert de diuers paffementz & porfileures de gros cordons
& houppes d'or, uenant le pas audeuant de Mefsieurs les
Confeilliers & Efcheuins de la Ville ueftus de robes de fatin
noir, fayes de uelours, pourpointz de fatin cramoify, montez fur Mulles harnachees de uelours noir, la houffe longue
de fin drap noir, marchant deux à deux, & chafcun deuant
foy deux laquais ueftus de fatin cramoify uiolet decouppé
& doublé de taffetas blanc. Et apres eux le Procureur, Con-
terrolleur, Voyer, Receueur, Secretaire, & autres Officiers
de la Maifon cõmune reprefentant tout le corps de la Ville
en magnificence honnorable, & condigne certes au degré
de leur eftat & honneur requis au debuoir politique. Et neantmoins (quant à l'oeil, & plaifance) feruantz de luftre, cõme bien loing inferieurs à la braueté & allegre fuytte des
Gentilz hõmes de la chambre du Roy, qui aufsi toft furuin-
drent apres eulx, auec autres de la maifon dudi.t Seigneur
fur leurs grandz cheuaulx deux à deux tant braues, & richement equippez, que rien plus: Aulcuns uoltigeantz ala fois
deuant les Dames, puis fe remettans en leurs rancz : les au-

D   2

tres deuifantz modeftement enfemble,qui eftoit un Paradis
de plaifir à regarder.Sur la fin defquelz Monfieur le Mare-
fchal de Sainct André uenoit brauement & mignonement
monté.

Sur ce le Capitaine des Suiffes de la garde du Roy auec
fon Tabourin & Fiffre,& toute fa trouppe de troys à troys
ueftus de chauffes & pourpoint efquartellez de toille d'argent & uelours noir decouppez à grandz balaffres, & doublez de taffetas argenté, chafcun fa hallebarde fur l'efpaule,
firent figne que fa Magefté ne refteroit guieres à uenir, eulx
marchant deuant Meffieurs les Cardinaulx de Ferrare, Guife, Vendofme, L'orraine, Bourbon & la Chambre, les Pages
d'honneur portantz chafcun un efperon doré en la main
deuát Monfieur le grand Efcuyer maniant un bafton blanc
au poing, & cheuauchant à main gauche, & laiffant la place
de Monfeigneur le Coneftable à la droicte, comme s'il y
fuft prefent. Icy uenoit fa Sacrée Magefté ueftue d'un riche
faye tout d'orfeurerie de fin or, & prefque tout conuert de
pierrerie de pris ineftimable, & tant reluifante de toutes
partz,qu'elle oftoit la ueüe aux regardátz.Son Cheual couuert fi mignonnement & richement deharnacheure & cap-
paraffonnement d'une fi gentile entrelaffeure de gros cordons & houppes d'or, qu'il ne feroit poffible de les pouoir
reprefenter, comme prefque incomprenables par la ueüe.
Apres luy uenoit Monfeigneur de Vendofme feul,& fuyuy
du rang de Meffeigneurs fes freres, Monfieur le Prince de
la Rochefurion. Monfieur de Nemours.

Apres lefquelz fuyuoient Monfieur de fainct André,
Mon

Monsieur de Maugeron, Monsieur de Canaples, & aultres
Cheualiers de l'ordre suyuis des Archiers de la garde.

En ce triumphant & admirable equipage le Roy marcha
le long du fauxbourg de Vaise iusques à Pierrencise, ou au
dessouz du Chasteau ueit à main gauche une haulte Obelisque en forme de Piramide quarree de soixante troys piedz
& plus de haulteur, le pedestal de douze, taillé à la rustique,
aux deux frontz duquel estoit escript.
NOMEN QVI TERMINAT ASTRIS.
rencontrant conuenablement bien à un croissant d'argent
de trois piedz & plus de centre, lequel estoit au fin sommet
de la poincte de la montee de ladicte Obelisque haulte de
cinquante piedz, & soubstenue sur quatre grandz Lions de
la haulteur d'un pied & demy couchez sur les quatre coings
du pedestal, & tenantz chascun l'escusson de la Ville. Le plus
hault de ladicte Obelisque iusques asses bas se monstroit
taillé à la rustique. Et en certains endroitz sur l'areste des
coings d'icelle aulcunes pierres quarrees, qui se desmentis-
soient, & entre les fentes herbe naturelle approchât mieulx
son antiquité. Le bas qui uenoit en eslargissant, faict à pans
ou paneaux l'un sur l'aultre separez, & enuironnez tout autour de leur moulure de marbre gris, le dedans peinct : le
premier de la deuise du Roy de deux grandz arcz Turquois
auec leurs forces rompues, le croissant d'argent au mylieu,
& une grand coronne de France timbrée au dessus. Au secód
la chiffre dudict Seigneur, qui sont deux D. & une H. entre-
lassez ensemble & coronnez. Au plus bas les armoiries de
France. Vray est que sur les deux frontz regardantz tant sur
le costé de la riuiere, que sur celluy du chemin droict au lieu

defdictes armoiries eftoit un compartiment aorné de gro-
tefques de bien bonne grace de aulcunes Victoires par le
deffus auec leurs chappeaux de laurier, & palmes es mains.
Et en bas, comme foubz leurs piedz, Difcordes auec leurs
grandz æfles de papillons diftinguees à yeulx, lefquelles
fouffloient & allumoient feu dans des uafes bas antiques,
lequel eftoit eftainct par petitz Amours uerfantz eau de
grace deffus. Et fembloit que les fufdictes Furies fouffriffent
bien grand peine à fouffler pour le r'allumer.
Et au mylieu de tout le fufdict compartiment eftoit efcript en
groffe lettre Ro-
maine.

TOTIVS GALLIAE RESTAVRA-
TORI M. PLANCVS LVGDV-
NI RESTAVRATOR.
P.   C.

L'obelisque.

 COSTE DE LA DI-
cte Obelifque,& de la main droicte,
eftoit un preau ceinct fur le grand
chemin d'une muraille de quelque
peu plus de fix piedz de haulteur, &
ledit preau aufsi hault de terre,& lequel auoit efté diftinctement rem-
ply d'arbres de moyenne fuftaie en-
treplantez de taillis efpaïs,& à force touffes d'autres petitz
arbriffeaux accompaignantz la defcente de la montaigne du
Chafteau pleine femblablement d'arbres fruictiers. Et en
cefte petite foreft s'esbatoient petitz Cerfz, Biches, & Che-
ureux (toutesfois priuez) & lors fa Magefté entreoüit aulcuns cornetz fonner:& tout aufsi toft apperceut uenir à tra
uers ladicte foreft Dyane chaffant auec fes Compaignes:El-
le tenant en la main un riche arc Turquois auec fa trouffe
pendente au cofté, acouftree en atour de Nymphe,le corps
duquel eftoit auec un demy bas à fix grandz lambeaux ródz
de toille d'or noire femé d'eftoilles d'argent:les manches &
le demourát de fatin cramoify auec porfilure d'or: trouffee
iufques à demye iambe defcouurant fes bottines à l'antique,
& de fatin cramoify,couuertes de broderie & perles:fes cheueulx entrelaffez de gros cordons de riches perles auec quan
tité de bagues & Ioyaux de grand ualeur,& au deffus du frót
un petit croiffant d'argent.Ses Compaignes aornees chafcu
ne de diuerfe facon d'acouftrement antique de fatin & taffetas tant rayé d'or,que autrement,& de plufieurs couleurs
haultes entremeflees pour la gayetté, chauffees de bottines
riches de uelours ou fatin:La tefte illuftree de diuers Ioyaux
de grand monftre. Aulcunes códuifoient petitz Leuriers &

Efpai

Efpaigneux en leffe de gros cordons de foye blanche & noi-
re.Autres portoient petitz dartz de Brefil,le fer doré à belles
petites houppes pendantes de blâc & noir:le cornet de Bouf-
fle morné d'or ou d'argent pendant en efcarpe à cordons de
fil d'argét & foye noire.Et ainfi qu'elles apperceurent fa Sacree Magefté, un Lion fortit du boys, qui fe uint getter aux
piedz de ladicte Deeffe,luy faifant fefte. Laquelle,le uoyant
ainfi manfuete, doulx, & priué, le print auec un lien noir &
blanc,& fur l'heure le prefenta au Roy ainfi qu'il paffoit. Et
s'approchant auec le Lion humilié iufques fur le bort du
mur du preau ioignant le chemin, & à un pas près de fa Magefté luy dict affes haultement.

> *Le grand plaifir de la chaffe ufitee,*
> *Auquel par montz,uallees, & campaignes*
> *Ie m'exercite auecquès mes Compaignes,*
> *Iufqu'en uoz boys, Sire, m'ha incitee:*
> *Ou ce Lion d'amour inufitee*
> *S'eft uenu rendre en cefte noftre bande,*
> *Lequel foubdain à fa priuaulté grande*
> *I'ay recongneu, & aux geftes humains,*
> *Eftre tout uoftre: Auffi entre uoz mains*
> *Ie le remetz, & le uous recommande.*

Ce dict d'une bien bonne grace, toutes luy firent la re-
uerence.Et fa Magefté l'ayant ententiuement efcoutee, &
toutes regardees & faluees,fe partit content de leur plaifante chaffe & d'affes iolye inuention. Non guieres loing de là
ueit la Porte de Pierrencife,contre laquelle eftoit affigé un
plaquart d'un portal antique à doubles Colonnes tortues,

E

cannellees,& fueillees. Au front duquel estoit peinct un parc
de France semé de Lys, enuironné d'une cloison des chiffres
& deuises Royalles entrelassees d'une subtile grace bien à
propos côtrouee, ayât une entree ouuerte, & gardee par un
Lion. Et au mylieu dudict parc deux Dames estoient afsifes
en atour de Deesses, celle de la part droicte embrassant l'autre du bras gauche, & luy asseurât la foy de la main droicte,
auec un petit chien se iouant à elle, & laquelle signifioit Fi-
delité. L'aultre luy presentoit un baiser, & de la dextre luy cô
firmoit aufsi la foy, s'appuyant du bras gauche sur un ioug
de bœuf tout droict pour monstrer qu'elle estoit Obeissan-
ce. Dedans le frontispice au dessus d'elles estoit escript en un
compartiment de massonerie. SEDES VBI FA-
TA QVIETAS. Et au premier des deux rouleaux,
qui le tenoient attaché. TVAE SECVRITAS
REIP. En l'autre. CVI FIDES ET AMOR
OBEDIVNT. Aux pedestaulx feparément.

Salue ô Rex fœlix qui nostra ad limina tendis
Visurus fidamq; domum, fidosq; Penates

Aux deux coings, & au mylieu fur le hault du

portal troys uafes pleins de flammes,

par dedás lefquelles rameaux &

fleurs denotoient feu

d'allegreffe &

de ioye.

Le

Le Portal de
Pierrencise.

 V DEDANS DE LA
Ville sur ladicte porte estoit peincte l'hystoire d'Androdus, comme elle est taillee en marbre à Rome, lequel tire une espine à un Lion, & au dessus escript. G E N E-ROSE PIO GENEROSA
P I E T A S. Et tout autour enrichy de festons, armoiries, masques de bronze, d'or, & d'argent entrefichez & ceinctz d'or cliquant.

Suyuant plus oultre paruint à la place de la porte Bourgneuf, en laquelle estoit un Arc triumphal seruant d'entree de porte d'enuiron cinquante piedz de haulteur à doubles grandz Colonnes de douze piedz cannellees, le Chapiteau base & dorez, & esleuees sur faces de pedestaulx enrichis de masques & testes de Lions d'or auec pentes de festons au dessus des compartimentz, dans lesquelz estoit escript moytie d'un costé, moytie d'autre.

Hoc quoniam non es veritus concredere nobis

Accipe communis munera lætitiæ

Entre les Colonnes estoient deux nidz, ou parquetz de chasque costé. Aux premiers, & plus bas desquelz estoit en l'un *Bellona* presentant au Roy un armet : à ses piedz un tableau droict, ou estoit graué.

Quæ tibi iam socia est, tibi non Bellona timorem incutiet.

De l'autre part oppositement Victoire luy presentant sa palme, & coronne de Laurier, ayant aupres de soy escript.

Cedetq; tibi Victoria palmam.

Aux dessus estoit d'une part Paix, d'une main tenant son rameau d'Oliuier, & de l'aultre un flambeau, duquel elle brusloit un harnois : en son tillet.

De l'autre Concorde portant entre ses bras une ruche de
Mousches à miel: en sa table d'attente.

Concordes animos, fœlicia regna uidebis.

Au grãd front en grãdes & grosses lettres estoit tout rem-
ply de ce,qui s'ensuit. INGREDERE HENRI-
CE INGREDERE FRANCORVM
REX CHRISTIANISS. VRBEM
TVAM ANTIQVAM ROMANO-
RVM COLONIAM VT DEVOTISS.
CIVIBVS TVIS SECVRITATEM
REIP. PRAESTES. AETERNAM. Et dedãs
le retour ioignant ledict front estoient de chasque costé un
parquet en ligne perpendiculaire des dessoubz: en l'un des-
quelz Mars tenoit son espee au poing,son pauois au bras,
& sa Louue alaictant Romus & Romulus, & escript.

Et regere Imperio, dabiturq; domare superbos.

Et de l'autre part Iupiter appuyé de la main gauche sur
son Aigle regardant en bas, le bras droict hault, en sa main
son fouldre, signifiant cecy insculpé aupres de luy.

Quos ego sub terras, adigamq; hoc fulmine ad umbras.

Et au tympane du frontispice Dyane afsise sus un roc,
monstrant un grãd croifsant d'argent, auquel estoit escript
en lieu des caracteres noir,qu'on uoit en la Lune *Lumen æter-
num.* Accompaignee des deux Nymphes afsifes bas aupres
d'elle auec leurs chiens. Sur la montee du frontispice, & aux
deux boutz de sa descente troys afsiettes,& sur chascune un
grand Lion à croupy sur ses pattes derriere: les deux extre-
mitez serrantz entre leurs iambes d'embas, & par le hault

E 3

ſoubſtenantz des deux pattes deuant les eſcuſſons des armoiries du Roy, & de la Royne. Et celluy du mylieu, & le
plus hault des troys eſtoit coronné d'une grand coronne
à poinctes d'or ſoubſtenant entre ſes bras un grand croiſſant d'argent.

A coſté dudict Arc ioignoit une muraille à la ruſtique rui-
nee en pluſieurs lieux: & au deſſus de laquelle eſtoient encor
reſté quelque fragmentz de cornices auec baſes, & demy Colonnes pour mieulx repreſenter ſon antiquité. Et regnoit
ladicte muraille iuſques aux Roches de ladicte place, leſquel-
les eſtoient couuertes en pluſieurs endroitz de Geneures,
Genetz, & Bouys, ſoubz l'umbrage deſquelz s'eſbatoient
pluſieurs Satyres & Faunes, deſpuis le bas du nombril en
deſſus, hommes & nudz, toutesfois haſlez, les cheueulx &
barbe heriſſez, deux cornes ſur le front: & des le uentre en
bas les iambes courbes & uelues, auec piedz de Chieure. L'un
perché tout debout ſur le ſommet d'un roc, l'autre couché
ſur la mouſſe : autres aſsis, une iambe ſeulement pendant en
bas : iouantz tous enſemble de diuers inſtrumentz à uent,
comme Hauxboys, Douſſaines, Sourdeines, & Cornetz, &
d'une ſi allegre harmonie, qu'elle reſueilloit le cœur, & les
oreilles des paſſantz.

Celà ueu & contemplé bonne eſpace, paſſa ſoubz l'arc, la
uoulte duquel eſtoit compartie de pluſieurs beaux compartimentz remplis de groſſes & diuerſes roſes & fleurs de boſſe dorees & argétees. Laquelle alloit mourir en profondeur
de quarante piedz iuſques au deſſus de la porte de la Ville:un
grád reſpirail au mylieu en forme ouale pour receuoir iour
lequel

lequel eſtoit enuironné par dehors d'une grád coronne d'or
à fleurs de Lys. Au deſſus de la montee, & des flans de ladicte
uoulte peinct de belles & plaiſantes groteſques : le deſſoubz
à la ruſtique. Sur ledict portail de Bourgneuf ſont les armoiries de France taillees en pierre auec un Lion derriere, qui
les ſoubſtient, & deux Anges, qui les accompaignent, richement eſtoffez d'or & d'azur, les deux Anges tenátz les boutz
d'un eſcripteau pendant au deſſoubz de l'eſcuſſon, auquel
eſtoit l'ancienne deuiſe de la Ville. VN DIEV VN
ROY VNE LOY. Et au coſté droict peinct ſur le
mur Foy en Deeſſe aſsiſe ſur nués, embraſſant une Croix
platte, & s'appuyant la teſte ſur l'un des bras d'icelle, tournant toutesfoys ſa ueüe aux paſſantz : & auprès d'elle
un rouleau uolletant parmy les nués eſcript de
ce mot IN FIDE. Et de l'autre part
Iuſtice pareillement acouldee ſus
des nués, non ſans ſon eſpee,
& balances, auec meſ-
me tillet di-
ſant :
ET IVSTITA.

L'arc de Bourg-neuf.

A LA

LA SVSDICTE
porte ſa Mageſté rencontra quatre
des plus anciens Conſeilliers de la
Ville ueſtus de robes de ſatin, leſquelz luy preſenterent un grand
poile tout de drap d'argét dedás &
dehors figuré de uelours noir auec
les armoiries, & l'ordre dudict Sei-
gneur faictz de riche broderie. Soubz lequel il ſe myt, & fut
touſiours ainſi conduict iuſques à Portefroc, par leſdictz
Conſeilliers ayantz la teſte nue.

Ainſi comme il commenca à marcher en ceſte pompe, il
apperceut les rues de la Ville, par ou ſa Mageſté paſſoit, toutes tendues de tapiſſerie de haulte liſſe (comme Ville, qui en
eſt autant bien meublee) laquelle pendoit des feneſtres en
bas, & ſe renfoncoit dens les boutiques ſemblablement tap-
piſſees, & remplies deſchauffaux, barrieres, & appuiz tappiſ-
ſez dedans & dehors iuſques bien prés de terre, & ſi proprement, que l'on euſt dict, que ladicte tapiſſerie fuſt collée, tant
induſtrieuſement elle ioignoit le long des uouſtes, arcades,
& pilliers des boutiques. Ce qui auoit eſté ainſi ordóné pour
uuyder les rues de la grand foule de peuple, qui y eſtoit &
affin que chaſcun peuſt ueoir commodément. Les feneſtres
garnies auſsi de beaux tappis de Turquie: & en maintz lieux
(meſmement d'aucunes Banques, & riches maiſons, tappiſſé
de uelours blanc noir & uert: en autres le deſſus d'une liſte
de drap d'or, & le deſſouz de tappiz uelours extremement
grandz. Les rues ſur le hault des feneſtres toutes couuertes
de toilles bláches, noires, & uertes, & tout le long de la Ville

F

iufques à l'Efglife Cathedrale auec force efcuffons des armes du Roy, & de la Royne, & feftons de triumphe enuironnez de liens des fufdictes couleurs pédantz en l'aïr efpaif-
fement, qui refiouiffoit grâdement le peuple regardant par
feneftres, boutiques, loges, & parquez dreffez en plufieurs
carrefours fumptueufement tappiffez, & tant chargez, &
pleins de Dames, Damoifelles, Bourgeoifes, & belles ieunes
filles, qu'il fembloit que toute la contree fuft là affemblee.

Ainfi auec le plaifir, que le Roy pouoit prendre à ueoir &
fon peuple refiouy de fa uenue, & en l'afpect de tant belles
figures uiues, & bien en ordre, il paruint iufques au Griffon,
ou fe monftroit dreffé un Trophee de France de cinquante
troys piedz de montee, & lequel eftoit d'une colonne de
quinze piedz peincte de Porphire toute cannellee d'or, la
Bafe & Chapiteau de marbre blanc enrichiz de feuillages
dorez, auec fon Pedeftal, & Soubafe. Au deffus de la Colône
une ftatue, un peu plus grande, que le naturel pour fe prefen
ter telle à ceulx, qui la regardoient d'embas, & coronnee à
fleurs de Lys d'or, le manteau, & tout autre Atour Royal de
bleu femé de fleurs de Lys d'or, fourré d'Hermines, reprefen
tant France tenant en l'aïr une grand coronne Imperiale au
deffus d'une H d'or, qui au deuant de foy eftoit en grâdeur
efleuee. Et au col de ladicte Colonne pendoient defpouilles
de toutes fortes d'armes antiques de diuerfes couleurs, ar-
gentees, & dorees, auec gros faix dehaftes, pilles, & autres ba
ftons longs Romains liez & attachez enfemble. Au pedeftal
eftoit graué S V O R E G I F O E L I C I S S.
F O E L I C I S. G A L L I A. Aux deux coftez duquel
autres deux grandz ftatues feoient fur la Soubafe: l'une, un
Viellart tout courbe, les cheueux gris efpars fus les efpaules,

la

la barbe chanue pédát fur la poytrine iufques à la ceincture,
fans auoir obmis fes deux grandz æfles au dos,& en la main
droicte une Clepfydre, qui eft un horologe à fable, & de
l'autre bras s'appuyant fur une grád faulx figurant le Téps.
L'aultre la Fame auec fa trompette d'or en la main, deux
æfles au dos:Au deffouz du Temps un tableau,auquel eftoit,

Huic ego nec metas rerum nec tempora pono.

A celluy de la fame

Vnum quem video fama fuper æthera notum.

Et en la Soubafe

Semper honore meo femper celebrare donis.

Aux deux flans du Trophee on auoit erigé deux Arules en
forme de pedeftal prefque tout quarré : fur lefquelles fe pre-
fentoient deux ieunes Dames de la Ville aornees en Deeffes,
& autát richemét parees,s'il en fut onques. Acouftrees la tefte de leur cheueleure auec entrelaffures &garnitures à gros
Dyamátz,Rubys,Efmeraudes,Bagues & Ioyaux, & groffes
pierres de Perles pendantes aux aureilles : autour du col la
gorge couuerte d'ineftimable richeffe. Leur acouftremét de
diuerfe facon de Nymphes, de fatin cramoify affoucié d'autres couleurs,porfiléz de paffemétz,&bifettes d'or : les bottines d'une fuytte. L'une figuroit Vertu , tenant en la main
une Palme uerte à fueilles dorees & entrelaffees:& de l'autre
une Naffe à prendre poiffons faicte de fillez & rhetz de foye
& fil d'argét & d'or:dedás laquelle eftoiét Chafteaux,Villes,
Tours entremeflez de toutes fortes de corónes Imperiales,
Royales, & Ducales,auec leurs fceptres tant modernes, que
antiques.L'autre eftoit Immortalité non encor affes pleine-
ment reprefentee, & toutesfoys en cefte (telle quelle) forte
plus que autre excellemment dyafpree : auec deux æfles de

Paon, les canons & dos des plumes diſtinctement argentez
& dorez pour accompaigner leur luſtre azuré: la teſte coron
nee de laurier doré entrelaſsé de ſes cheueulx precieuſement
couuerz d'une infinie richeſse de ioyaux : & eſtoit montee
ſur une montioye, amas, ou monceau d'armes, & liures entremeſlez, comme uictorieuſe. Et comme uoũlant dire, que
par armes, lettres, & monumentz on ſe faict immortel en
terre, elle s'appuyoit de la main ſeneſtre ſur un petit monu-
ment en forme de pedeſtal longuet auquel eſtoit graué.
SOLA VIRTVS IMMORTALITATE
DIGNA. Au bras droict deux coronnes, de laurier, &
de Cheſne, & en la main une d'or à poinctes. Et au front de
leurs arules illuſtré de teſtes de Lions d'or, feſtons, & compartimentz eſtoit eſcript ſur la ſubſtance de leur dicton, en
l'un, & celluy de immortalité
Aurea iamproperat luſtris labentibus ætas. En l'autre, qui eſtoit
ſoubz uertu.
Fiant yt meritis regna minora tuis. Et ſelõ l'ordre d'iceulx immor
talité parlant la premiere d'une honeſte aſſeuráce cõmenca.

> *L'heur, qui t'attend, d'immortalité digne*
>
> *Faict retourner ſoubz toy l'eage doré.*
>
> *Parquoy la France icy t'ha honnoré*
>
> *De ce Trophee à ta uertu condigne.*

Vertu ſuyuit apres auec une grauité quelque peu honteuſe-
ment modeſté.

> *Le temps auſſi, lequel tout extermine,*
>
> *Eſgallera la Fame à tes merites,*
>
> *Sceptres rendant & coronnes petites*
>
> *A ta grandeur de Mageſté benigne.*

Le Trophee du Griffon.

A REVERENCE D'EL-
les gracieufement finie, & leur grace affes loüee, paffant oultre uint au Port. S.
Pol, ou à cofté gauche, & en la place du
Port eftoit dreſsé un double Arc triumphal de grande beauté : pource mefme-
ment qu'il eftoit tant en cannellures de pillaftres, guilefchis
de la frife, qu'en autre fueillage, & enrichiffement de l'architraue & cornice richemét doré : & d'auátage pource que lef-
diétz deux Arcz pofoient fur une bafe en forme de berfeau
antique reprefentant fon uafe, ou cueue de fontaine auec fes
gros goderons dorez, deux mafques eftranges au rembour-
fement des coings, & une belle de femme entredeux dorees:
de la gueule defquelles pendoient deux feftons de toutes fortes de fueilles & fruiétz moulez au naturel. Et foubz chafcun
Arc une figure de toute rondeur, moytie plus grande que le
naturel, & toute de fin Stuc de marbre : & toutes deux cou-
chees, & defcouuertes tout le corps, & les iambes : le demourant autour du bas du uentre, & le hault des cuiffes, couuert
d'ung linge. L'une defquelles figures, & la premiere en rencontre, eftoit la Saone, laquelle tenoit fa tefte appuyee dens
la main gauche, comme fi elle dormoit (pource qu'elle re-
prefente un fleuue, lent & doulx) & foubz le coulde de ladiéte main un uafe antique couché, & uerfant uin rouge en
lieu d'eau. En la main droiéte, qu'elle tenoit languide & pen-
dante fur le genoil droiét à demy leué , des roufeaulx de
ioncz & cannes, demonftrant qu'elle ha fes riuages pleins
d'herbe & marefqueux : fon linge bleu. En l'autre Arc eftoit
le Rhofne femblablemét couché, & accouldé du bras droiét
fur fon uafe gettant uin blanc. Et fe monftroit demy leue

auec

auec face terrible & furieuse, selon sa nature. Ses cheueulx &
barbe grandz & mouillez: empoignant de la main gauche
le manche d'un tymon doré antique, pour monstrer qu'il est
nauigable: son linge de pourpre. Derriere eulx estoient roches artificielles couuertes de mousse, & arbrisseaux chargez de petiz oyselletz par artifice industrieux imitant le
chát des oyseaux naturelz. La uouste au dessus du roc persee
à iour, & toute enrichie de compartimentz differentz remplis de differentes fleurs, & roses de bosse dorees & argen-
tees. Et au pillastre du my lieu estoit apposé une grand masque de femme riant, sa teste enuirónee de Serpentz gettátz
eau par la gueule, & elle par quatre partz d'entre ses dentz,
& si menuemét, que ceulx, qui cuidoient uenir boire du uin,
ne s'apperceuoient qu'ilz estoient tous mouillez, qui seruoit d'une grand risee. Et au dessoubz d'icelle une table de
compartiment riche , auquel cest escript se pouoit lire

TANTVM NATVRAE BENEFICIVM
ARARIS ET RHODANI FOELICI-
TER CONFLVENTIVM PER-
PETVAM TIBI TVISQ.
SPONDET VBER-
TATEM.

Le double arc du
port sainct Pol.

ELA VEV, ET PAS-
sant fuyuit iufques à ce, que le retour du
Porcellet luy defcouurit un autre grand
Arc triumphal conftruict pour Temple
d'Honneur, & de Vertu (felon que anti-
quement ilz eftoient mariez enfemble,
pource que l'honneur ne fe peult acquerir fans uertu) & lequel eftoit de foixante piedz de haulteur equipolente à la
largeur de la place:ledict Arc eftoit à deux faces,de chafcune
quatre Termes de relief, deux d'homme, deux de femme,en-
trefeparez: defquelz le nud eftoit de prefque de fix piedz
bronzé & rehaulfé d'or moulu pour mieulx reffembler fon
antique æraim de Chorinte,qui eftoit allié d'or.Et au deffus
de leur chaffe d'embas, qui eftoit au deffoubz du nombril,
une tefte de mafque d'or, de laquelle fortoient gros liens de
mine d'acier, qui fe uenoient noüer fur les háches, les boutz
pendantz.Et au deffoubz de la dicte mafque une table d'attente doree,en laquelle eftoit,quát à l'hóme, H O N O R I
P E R P E T V O. Et quant à celle de la femme. V I R-
T V T I A E T E R N AE. La tefte de l'homme coronnee de Chefne, eftoffee de diuerfe fleurs. Et celle de la femme de Laurier: & au deffus ceft efcript eftendoit la frife d'un
cofté & d'autre.

H O N O R I S V I R T V T I S Q. P E R P E-
T V AE H E N R I C O P R I N C. I N V I-
C T I S S. S A C R V M D D. Dedans le tabou-
ret fus la baffe Cornice Honneur peinct armé à la Romaine, & afsis en chaire, en fa tefte une coronne folaire à rays &

G

poinctes, tendát la dextre à une femme defignant Foy:& de
l'autre empoignant un enfant par le bras, qui eftoit Amour,
uoulant dire, que la Ville, qui luy auoit erigé ce Temple à
l'hôneur de fa Magefté, luy portoit honneur, foy, & amour.
Sur le frontifpice eftoient dreffez fur troys afsiettes troys
fimulacres: au mylieu Victoire, fa palme d'une main, de l'autre prefentant une coronne de Laurier & Chefne. A l'un des
coftez la Fame prefte à foufler dás fa trópette. A l'autre Eter-
nité fe tournant à cofté, & efcriuant en un liure, quafi comme fi elle figuroit, que nul ne peult ueoir Immortalité, que
par l'efcripture & l'œuure, & pource embefoignee à defcri-
re les haultz faictz, qu'elle attend du Roy à fon heureux aduenement. Au dos defquelles fuyuoit une môtee d'une tour
quarree à la ruftique & fur le hault d'icelle une grand Cornice, en la frife de laquelle, & du rencontre du Porcellet,
eftoit peinct le triumphe d'Honneur fur fon chariot triumphant tiré par deux Elephantz, fuyuy & enuironné de gentz
de guerre auec leurs Tibies, Cors, & aultres inftrumentz
belliquaux, foldatz, & captifz menez apres luy. Et aũ deffoubz de l'architraue efcript.

De l'autre part du Change le triumphe de Vertu condui-
éte en chariot par deux Licornes, accompaignee de Nymphes fonnátz Lyres, Timboulx Timpanes, Cimbales, & Flu
ftes à fept tuyaux pefle mefle auec d'autres portantz rameaux de Palme, Laurier, Oliuier, uafes pleins d fruictz au
deffus de tel efcript.

Au plus hault du Temple une platte forme enuironnee d'ap

puys

puys à cloiſons, comme hortz penſiles à l'antique, faictz de
bailuſtres de marbre blanc à petitz filletz d'or. Et au mylieu
de la platte forme un Dome rond ſur la montee de troys
rancz de degrez perſé à iour, comme faict de ſix colonnes de
huict piedz gentement dorees, enrichies, & couuertes d'un
toict à cul de berſeau, & audeſſus d'icelluy un grand croiſſant d'argent de trois piedz de centre. Le dedans du Dome
Iambriſé richement: & les colonnes reueſtues par le mylieu
d'autres diuerſes deſpouilles d'ennemys : & par le hault de
groſſes maſques, & teſtes de Lions d'or, d'argent, & de bron
ze pour attachement de feſtons à fruictages pendantz. Au
long de la gallerie de la platte forme ſix Cornetz ueſtus à
l'antique, ſonnantz reſonnamment & allegrement hault, ſe
ſtoyant la bienuenue de leur Prince & Seigneur, lequel paſſant ſoubz la uoſte de l'arc autant belle, que tout l'edifice eſ-
galloit en beauté d'architecture à tous les arcz, qui auiour-
d'huy nous reſtent de tant excellentz monumentz, & reli-
ques de la gloire des Romains, peuſt ueoir aux parois d'icelluy Honneur peinct en habit recongnoiſſable à celluy de
deſſus, lequel combatant tenoit ſon eſpee ſanglâte du ſang
de ſes ennemys uaincus & fuyantz: & en monſtrant aulcuns
des ſiens mortz autour de ſoy, ſembloit parler au reſte de ſes
ſoldatz, & dire ce, qui eſtoit eſcript au deſſus de luy.

PRO ARIS ET FOCIS SVB PRINCI-
PE GLORIOSE OCCVMBERE PRO
PATRIA VIVERE EST. Et de l'autre ſemblablement peinct un homme & une femme nudz & batail-
lantz. La femme tenant une eſpee nue, ſignifiant Raiſon, qui

G   2

tranche de tous coſtez : & l'homme un arc bandé, la fleſche
deſſus preſt à delaſcher, demonſtrant le Sens, qui par ſon a-
ſtuce & penetrante prouidence tire & frappe de loing. A
leurs piedz une grád ſtrage de Centaures tát moytie Thau-
reaux, que moytie Cheuaulx, pour ſignifiance de force &
uiolence, entremeſlez de Satyres, & Monſtres auecques
eulx occis, pour gentz ruſtiques & ignorantz,
en denotation que le ſens & la raiſon ſur-
montent toute uiolence & oultrage,
ignorance & beſtialité : auſsi
uoyoit on eſcript au
deſſus

NON VI SED VIRTVTE.

L'arc triumphal du
Temple d'Honneur
& Vertu.

PASSANT OVLTRE LA
rue de Flãdres ſa Mageſté entra au Chãge, ou eſtoit
une perſpectiue d'une place de Ville refigurant
Troye: ioignant laquelle s'eſleuoient deux plattes formes,
ſur l'une un Dieu antique, ſa corõne à poinctes, & un tridét
en main, un roc deuant ſoy. De l'autre une bien belle ieune
fille, l'armet en teſte riche & reluiſant de pierrerie: ſa robe
trouſſee, deſcouurant ſes bottines & le tout couuert d'une
merueilleuſe richeſſe: en la main une lance, s'appuyant de
l'autre ſur un pauoys, auquel eſtoit la teſte de Meduſe, deſi-
gnãt tous deux la cõtentiõ, que Neptune & Pallas eurét ſur
la Cité de Troye, lequel des deux creeroit choſe plus utile à
l'homme. Sa Mageſté là arreſtee, Neptune frappa de ſon tri
dent ſur le roc, & ſoubdain ſortit un cheual iuſques à demy
de terre mouuãt piedz, teſte, oreilles, & yeulx, tout ainſi que
s'il fuſt uif. Et ſur ce Neptune dict ainſi, parlant à Pallas.

> *De mon trident ce Cheual ie procree*
> *Non tant pour eſtre à l'homme familier,*
> *Que pour ſeruir ceſt heureux Cheualier,*
> *Qui tout ce Siecle à ſon venir recree*

A la fin de ce dicton Pallas luy reſpondit d'un gracieux &
pudique maintien.

> *De ceſte lance, ou toute force encree*
> *De Mars iadis confondoit les alarmes,*
> *De ſes hayneux humiliant les armes,*
> *Luy rendra paix, qui tant au Monde aggree.*

Son dire finy, elle planta ſa lance en terre, & tout auſsi
toſt commença à fleurir, & fut cõuertie en Oliuier: uoulant
donner à entédre que la force & puiſſance de ſa Mageſté ſe-
ra telle crainéte à ſes ennemys, que leur malueillance ſe con-
uertira en paix.

La

La Perspectiue
du Change.

LORS LE ROY,
apres le plaiſir receu aux fainctes de
ceſte plaiſante repreſentatió, tourna à gauche ſuyuát ſon chemin uers
la grand rue ſainct Iean : au mylieu
de laquelle il s'arreſta quelque peu à
contempler le ſimulacre d'Occa-
ſion erigé en la place du grand pa-
laïs, & lequel eſtoit d'une ſtatue de femme, & toute ronde de
huict piedz de haulteur, taillee de main d'excellent ouurier
(s'il en eſt aulcun) mótee ſus un uaſe antique ayant aux deux
coſtez deux gros Dragons fantaſtiques dorez, & au mylieu
une maſque auec pentes & feſtons à fruictz. Et lequel uaſe
ſeruoit de pedeſtal à une haulte Colonne plantee au mylieu
d'icelluy, toute ſemee de H d'or coronees, chiffres, fleurs de
Lys, & deuiſes du Roy, les Arcz entrelaſſez ſeruantz d'une
damaſquine bien ſubtilement controuee. Et au deſſus du
Chapiteau une grand double fleur de Lys d'or, & la ſtatue
en ceſte forme : toute nue auec un touppet de cheueulx ſur le
ſommet du front, & quelque partie pendant ſur les temples
audroict des oreilles : le derriere de la teſte cout ré & touſé :
ſe ſoubſtenant ſeulement ſur la iambe & pied gauche, & le
droict en arriere ne touchant terre que de la poincte du gros
arteil : le bras gauche lyé & attaché d'une groſſe chayne d'or
au deſſus de la ſtragale de la Colonne : ſa roïie ſoubz ſes
piedz : un creſpe de ſoye, qui luy paſſoit entre le hault des
cuiſſes, montant ſur le bras droict, de la main duquel elle
preſentoit auec face mignarde & ſoubriante un Globe ter-
reſtre geographiquemét pourtraict en ſa dimention. Tout
lequel ſimulacre eſtoit enuironné par le derriere d'un demy
rond

rond de theatre à quatre grandz Termes de Satyres maſles
& femelles fourniſſantz le lieu de pillaſtres du mur, tous de
relief, & eſtoffez d'incarnation, illuſtrez de diuerſes pentes
de chaynes à fueilles & fleurs autour du col en bas painctes
& dorees: les ſpondilles des bras couuertes, ou biē finiſſantz
en fueilles & roſes à plaiſir: les iambes entrefichees dans un
grand conſolator de pedeſtal, en chaſſe de Terme, tellement
que les cuiſſes forgettoient hors, à force fruictages entre
deux: puys ſe perdant les ioinctures des iambes dedans ladiéte chaſſe en mode de cōpartiment, les piedz & bas des iambes reſſortoiét hors ſur la moulure du pied dudict pedeſtal:
Au chef groſſe cornes de Bouc & Mouton dorees, & argen-
tees: ſoubſtenantz ſur leurs teſtes chaſcun un panier plein
de feuilles, fleurs, & fruictz au deſſus de l'architraue & cornice magnifiquemēt dorez: la friſe embellie de teſtes de Cerfz
cornus, & Biches, toutes de relief & rondes accōpaignantz
troys rondz: dans le premier deſquelz Opis eſtoit coronnee de tours rondes, & aſsiſe, tenāt une montaigne chargee
d'arbres, comme Mere de toute la terre, & autour d'elle
eſcript. *Hanc tibi iurarunt Superi.* La ſeconde à l'autre bout Am-
phitrite, Deeſſe de la Mer, aſsiſe ſur une Balaine, & en ſon
giron une nef, & de la main dextre uerſant eau auec un uaſe,
ayant pareillement autour de ſon rond. *Quaſcunque per ⁊ndas.*
A celluy du mylieu deux Deeſſes ſeantz ſur un monde: l'une
Proſperité tenant ſon cor d'abondance plein de fruictz: l'autre Felicité auec ſon eſphere en la main, & eſcript. *Vltra Anni*
Soliſ⁊ ⁊ias. Tout le reſte peinct de diuerſe & begerre groteſ-
que, qui ſeroit trop long à racompter, & plus la ſubſtance.
Aux deux frontz des deux pillaſtres en lieu de epytaphes, ta-
bleaux, eſcripteaux, rolleaux, & compartimentz par cy de-

H

uant asses empruntez, comme triuiaux & communs, pendoient à deux testes de Cerf attachees en la frise en l'ordre
des autres, leurs despouilles, c'est à dire, les testes auec toute
la peau & piedz encor entiers:& au dos du dedans de ladicte
despouille, seruant d'une peau de parchemin, estoit escript
en l'une. *Manent immota tuorum fata tibi.* Et en l'autre.
Imperij spes alta futuri. Tout lequel spectacle posoit
sur une platte forme de deux piedz de haulteur
pour resister aux iniures de l'indiscre-
tion de plusieurs. Et tout le long de
son front enrichy de com-
partiment estoit
escript.

Imperium sine fine dedi.

ALA NENT
IMMOTA
TVORVM
FATA
TIBI.

IN
IMPERII
SPES
ALTA
FVTVRI

IMPERIVM
SINE FINE
DEDI

H 2

A MAGNIFICENCE
duquel ſpectacle apres auoir quelque peu
amuſé les paſſantz, on uint à Portefroc,
auquel eſtoit un plaquart de portal antique à quatre Colonnes enrichies de Mo-
reſques, & l'entredeux de groteſques, po-
ſantz ſur deux plintes longuez. Sur la face duquel ſeoiet
ſoubz une uouſte troys Dames:Foy ueſtue de blãc, Religion
en Nonnain, & habit noir:Eſperance de uert, cõuenant leur
habit aux couleurs du Roy & de la Royne : & au deſſus de la
cornice Iuſtice & Prudéce ſoubtenãtz les armes dudict Seigneur : lequel paſſant oultre fut receu de Monſeigneur le
Reueréd. Cardinal de Ferrare cõme Arceueſque en ſon grãd
habit de Cardinal, ſon Maſsier portant ſa groſſe maſſe d'argent doré, & la Croix au deuãt, & accõpaigné de Meſsieurs
les Doien, Archidiacre, Preſenteur, Secretain, Chamarier,
Chãtre, Preuoſt, Contes, Cheualiers, Habituez, & autres en
leur habit eccleſiaſtique, Leſquelz luy preſenterét un poille
de damas blãc & noir enrichy de ſes armoiries, ſoubz lequel
il fut cõduict par eulx iuſques à la grãd Eſgliſe, ou en luy don
nant l'eau beniſte, luy fut preſenté un ſurpelys, lequel il tint
entre ſes mains iuſques apres ſon oraiſon, & celle de Meſ-
ſieurs finie. Puys ſe leuant ſortit hors pour entrer en l'Arce-
ueſché, que ledict Seigneur Cardinal de Ferrare auoit faict
ſumptueuſemét preparer pour y receuoir ſa Mageſté. En la
place duquel logis il ueit erigée la grãd Colonne de Victoire de cinquante ſix piedz de hault, & de raualement troys,
eſtant dreſſee ſur un grand pedeſtal de uingt & cinq piedz,
toute plaine & compoſee, ſon Chapiteau à la Dorique, deſi-
gnant une ſolide ſtabilité & permanence de pardurable me-
mo

moire. Sur son pedestal seoient les quatre Vertus Cardinales toutes de bosse ronde, & de haulteur plus que du naturel
beaucoup, & sur les quatre coings de la rondeur de la base
toute doree à feuillagee, & tenant chascune une Hampe à
fallotz pour esclerer la nuict. Ladicte Colonne soubstenoit
sur son Chapiteau un Globe du Monde de huict piedz de
circonference, toute la face de la Terre doree, le reste, qui est
Mer, d'azur. Au dessus duquel Monde se contournoit une
Victoire de six piedz & plus, les æsles estendues à tous uentz,
sans l'esbranler, ny mouuoir de la constante promesse de sa
liberale uoulunté : & en chasque main une coronne de Laurier. Au fond du pedestal estoit peinct de tous costez,
comme en couleur de bronze clere, quantité de
faiz, & liasses de diuerses despouilles d'ennemys:& en celluy de deuant escript
dans le uentre d'un pauoys
de forme ouale.

H E N R I C I   F R A N C.   R E G I S
V I C T O R I A E   A C   V I R T V T I-
B V S   I N D E L E B I L I T E R.

H   3

La Colonne de Victoire en

la place de l'Arceuesché.

# VR LE PORTAL

de son logis magnifique à la Romaine
deux figures d'hôme & de femme s'entré-
braffantz & se soubstenantz d'une des
mains sur leurs uases uersantz, un grand
Lion entre deux, monstroient au dessoubz d'eux une table escripte. OB ADVENTVM
HENRICI OPT. PRINC. VOTIS
ANTEA EXPETITVM RHODANVS
ATQVE ARARIS GRATVLANTVR.

Decà, & delà du portal chasque costé une figure contre le
mur: l'une auec le bras gauche se couurát le chef de son manteau, & de la main droicte se serrant la bouche d'un doigt en
perpetuel silence, & admiration de la Foy. L'autre portant
une Esglise, pour soubstenement de l'union de la Chrestien-
té. Ainsi que sa Magesté entra leans, l'artillerie de la Rigau-
diere tant petite, que grande, delascha auec grand & espou-
uantable bruict. Et fut receu magnifiquement en une grand
salle tapissee de riche tappisserie à personnages toute d'or,
d'argent, & de fine soye. Le planchier dessus bersé, & lambrisé de ses deuises, & couleurs, auec grandz escussons de
France & de Monseigneur le Daulphin accompaignez de
grandz arcz Turquois, trousses, & croissantz, le reste seme
des chiffres, & le tout de relief autant richement estoffé,
qu'il seroit possible, auec sept grandz Chandeliers pédantz
à croissantz d'argent. Et pource que son logis auoit sur l'eau
un tourrion en forme de bastillon, on en dressa un autre,
pour l'accompaigner sus & le long de la Riuiere, tous deux
rondz, & carnellez:& sur chasque carneau un croissant d'ar-

gent:

gent: l'entredeux deſquelz fut clos d'une ceinſure de muraille à deux recoings, ou petitz frontz ioignantz les deux
tourrions: le reſte du my lieu en un demy centre pour clorre
une forme de Port ouuert de troys Portiques, & coronné
tout le circuit du deſſus d'une cornice auec ſa friſe à trigliſſes
& metouppes ſur ſon architraue ſoubſtenu à iour de douze
Colonnes de dix piedz toutes rondes. Et au mur peinſt en
bronze quatre nidz, ou parquetz, en chaſcun un Dieu flu-
uial, & maritime, comme Portumnus tenant ſon tymon.
Dudiſt circuit l'on deſcendoit en la riuiere par ſeze degrez bas: les huiſt premiers ſuyuantz la ceinſture
du demy centre, deualantz ſur une petite platte forme ronde reprenant ſon centre
en autres huiſt ordres de degrez
forgettez en rond iuſ-
ques ſur l'eau.

***

Le Port de l'Ar-
ceuesche.

I

E PORT AINSI MA-
gnifiquement acheué embraſſoit en ſon
clos pluſieurs uaiſſeaux petitz & grádz,
preparez pour conduire ſa Mageſté à
prendre la plaiſance de la riuiere, ſur laquelle ſe firent infiniz ioyeux eſbatz,
tant de Iouſtes, Combatz, que d'autres paſſetemps de diuers inſtrumentz de Muſique d'une incredible recreation. Et
eſtoient leſdiétz uaiſſeaux, en premier un Bucentaure d'un
des plus grandz batteaux de toute la riuiere, lequel fut uniment couuert d'une aſſes ample platte forme ſeruant de
plan à une ſalle de plus de treze pas de long, ſix de large, &
de douze piedz de hault: deux portes à l'antique aux deux
boutz: cornicee tout le tour du deſſus de ſon dehors, &
ſoubſtenue par les coings, deuantz, & flans, de pillaſtres for-
gettátz du mur enuiró troys doigtz: grádes feneſtres à l'antique entredeux, & des deux coſtez, cloſes de chaſsiz de toille blanche ciree, & peincte de croiſſantz, & deuiſes. Au deſſus
de ladiéte ſalle une autre platte forme ceincte d'un enuiron-
nement d'appuys & cloiſons à balluſtres. Tout le dehors
rougiſſoit de couleur haulte & uiue: les Chapiteaux des pillaſtres, portes, & feneſtrages dorez auec autres enrichiſſe-
mentz de teſtes de Lions, & fleurs de Lys d'or. Ladiéte ſalle
dedás mignonemét tapiſſee de damas blác & noir, & par ter
re de tappis Turquois & le pláchier lábriſé des ſuſdiétes deuiſes, le plus grád paneau du mylieu fourniſſant d'une table
quarree, qui ſe deſcédoit, quand on uouloit, à quatre groſſes
cordes de ſoye bláche & noire: & y pouoit on tenir la collatió toute preſte, ſans qu'on ſe apperceuſt que le pláchier fuſt
autre, que tout entier. Le plá de laquelle ſalle s'eſlargeoit en
une

une gallerie forgettár fur l'eau, femblablemét clofe, & enuirónee de telle cloifon, que celle de deffus, peincte de rouge à
balluftres dorez, en laquelle on fe pouoit promener tout au
tour deux à deux. Et fur le derriere du batteau une autre petite platte forme d'un degré plus haulte, ou s'efleuoit une
pouppe de Nauire à troys pás, peincte & enrichie, cóme deffus, de fieges: tout le circuit du dedás tappifsé de damas blác
& noir, ouuert de deux feneftres à cofté, en forte que fa Magefté eftát afsife au dos de ladicte proüe, pouoit ueoir baller
ceulx qui eftoient dans la falle, & enfemble ne perdre rien de
la plaifance, efbat, & ioyeufeté de la Riuiere, fuft d'un cofté,
ou d'autre. La poincte de la proüe d'une tefte de geant doree ferroit entre fes dentz une corde rouge, auec laquelle le
Bucentaure fe tiroit par un autre batteau plein de Mattelotz ueftus de rouge. Le fufdict uaiffeau fut accompaigné de
cinq autres: d'ung Brigantin à la moderne peinct de rouge
& doré, la poupe couuerte de uelours cramoify pourfilé &
frangé d'argent: toute la Chiorme ueftue de robes & ca-
puchons longs de fatin cramoify: les rames, & tout l'artillage rouge: Et d'une Barque lógue pour la Royne peincte de blanc & uert, couuerte par le mylieu d'un berfeau auec
fes pendátz de uelours uert paffementé & frangé d'argent:
douze Mattelotz deuant, & deux derriere ueftus de robes
lógues à capuchon hault bigarrees de fatin des mefmes couleurs uert & blanc, uogantz à la Venitiane: une autre petite Gondole fubtile & legiere pour fa Magefté peincte de
noir & de croiffantz & chiffres d'argent, au mylieu un pauillon quarré, comme d'un lict, auec fes cuftodes, & pentes
de uelours noir à grandz paffementz & franges d'argent: le
dedans de tappis de Turquie: deux Mattelotz deuant, & un

I 2

derriere ueſtus de Iubes Turques de uelours noir paſſemen-
tees d'argent & ſoye noire, leurs bonnetz haultz, le rebras
à quatre poinctes de uelours noir, & tout autour borde des
ſuſdictz paſſementz : à trauers le corps ceinctz d'une groſſe
ceincture Turque de taffetas blanc. Item une aultre plus
grandette couuerte à berſeau de uelours noir clos & paſſementé d'argent. Et d'auantaige une petite fuſte tannee, la
pouppe de uelours tanné frangé d'argent. Tous leſquelz
uaiſſeaux ſe ſerroient dans le Port preſtz pour obeïr au bon
uouloir & plaiſir de ſa Mageſté. Laquelle le lendemain
uoulut ueoir l'entree de la Royne, comme
elle auoit ueu la ſienne eſtant deſ-
congneüe en une maiſon
de la rue Sainct
Iean.

L'ENTREE
DE LA ROY-
N E.

E LENDEMAIN
donques X X I I I I. dudict
Moys la Royne s'en uint sur
sa Barque au logis du Mouton, ou elle disna ce pendant
que toute la Ville se rangeoit
en la prairie du Faulxbourg.
Et la Messieurs les Geneuois
luy uindrent faire semblable
reuerence, que celle du iour
precedant, uestus toutesfoys de robes de satin doubles de
uelours noir : pourpointz, & hault de chausses de toille d'or
incarnat, le bas descarlate, & scalpins de uelours cramoisy:
leurs laquais de satin & uelours blãc neruez de uelours uert,
un petit cordon blanc par le mylieu, la plume uerte : puys se
retirerent. Apres la retraicte desquelz les Mestiers entrerent
file à file au deuãt d'elle, & du mesme ordre & equipage, du
iour passé fors que le uert pour sa couleur fut meslé tant en
colletz, pourpointz, cornettes, & pennaches : les Imprimeurs portantz tous bonnet uert, la plume blanche, qui
n'estoit point hors de grace, estantz eulx si grosse bande,
& tous d'une liuree.

I 3

Les Seigneurs Luquois auec leurs mefmes Pages, hors
mis que leurs mâteaux eftoient frangez de uert:leurs gentz
de pied au lieu de bandes noires prindrent deux bandes de
uelours uert, colletz de mefine uelours, la plume uerte fur
bonnet blanc.Eulx ueftus de robes de fatin noir doublees de
mefine fatin.

Les Seigneurs Florentins auoient leurs Pages habillez à
la mefine facon du iour deuant,& de toille d’argent,à manches de broderie,plumes,& aultres accouftrementz uertz.Et
eulx portoient robes de damas rouge cramoify,tout autour
fráges & broderie d’argét:fayes de uelours rouge cramoify
figuré:leurs Laquais de fatin blác,collet de uelours uert,plu
mes blanches & uertes de plus gaye allegreffe que le iour
precedant.

Les Seigneurs Milanois de robes de uelours noir doublees
de fatin à manches couuertes de boutons & fers d’or, le faye
de uelours : les Laquais du iour deuant, referué qu’ilz portoient plume blanche & uerte.

Les Seigneurs Allemans de cafaques de taffetas à gros
grain bandees de paffementz ueloutez:leurs Laquais pourpointz & chauffes de fatin blanc bandez de paffementz
blancz frizez bouffantz de taffetas uert.

Les Enfantz de la Ville auec le hocqueton du iour pafsé,
un collet de uelours uert par deffoubz à demy manches iufques au coulde,& la falte de uelours , ou fatin uert, recamez
d’argent:le pourpoint de fatin blanc brodé de gros cordons
& bifettes d’or, le pennache blanc,rouge,& uert. Apres eulx
Mefsieurs les Confeilliers ueftus de robes de damas noir.

Lef

Lesquelz uuyderent leur ordre auec le Capitaine de la Ville
marchantz deuant les Gentilz hommes & autres de la maison du Roy,& des Suisses de sa garde.Apres lesquelz la Royne uenoit dans une lictiere toute descouuerte auec Madame
Marguerite sœur du Roy uestues d'une mesme pareure en
coeffe tant chargees de pierrerie resplendissante, qu'elle sem
bloit plus proprement un autre Ciel estincellant,que Gem-
mes: leurs robes de riche drap d'or à figures de cannetilles,
& drap d'argent frisé.La lictiere couuerte de mesme auec les
Pages, & harnois des Mulletz. Apres la Royne de Nauarre
auec Madame la Princesse dans une lictiere de uelours noir
descouuerte par le mylieu, Monseigneur de Vendosme tenant propos à ladicte Royne. Puys Madame de sainct Pol,
autres Princesses, & apres elles suyuamment toutes les da-
moiselles de la Royne uestues d'un mesme accoustrement de
blanc,le cuffion d'or en teste garny de riche pierrerie, accó-
paignees chascune d'un Prince, grand Seigneur, & autres
Gentilzhómes de la maison du Roy, qu'estoit une des plus
belles compaignies, que lon aye de long temps ueüe. Et en
cest equipage la Royne uint iusques à Pierrencise, ou elle
trouua Dyane chassant auec ses Nymphes diuersifiees d'accoustrement de uelours, satin, & taffetas uert: & le mesme
Lion du iour deuant, fors qu'il se ouurit la poitrine monstrant les armes d'elle au mylieu de son cœur, & à l'heure
Dyane luy dict en ceste sorte.

Et

Et luy ayant faict la reuerence la Royne paſſa oultre, non
ſans ſe delecter de la deuiſe du portal de Pierrenciſe, & Arc
triumphal de Bourgneuf, à la porte duquel quatre de Meſ-
ſieurs les Conſeilliers ueſtus de meſme damas de leurs compaignons luy preſenterent un poille de drap d'argent figuré de uelours uert auec les armoiries d'elle en riche broderie, & lequel ilz luy porterent au deſſus de ſa lictiere, la teſte
deſcouuerte.

Au Griffon elle ueit les Vertus accompaignantz le Trophee de France, ueſtues & entremeſlees d'accouſtrementz
uertz. Vertu commenca icy la premiere.

La reuerence deüement faicte par elle, Immortalité ſuyuit.

La Royne auoir prins grandiſſime plaiſir tant à leur accouſtrement, que à leur grace de bien dire, paſſa oultre ſans
pouoir bien bonnement contempler (& ſelon le deſir de ſa
generoſité) l'excellence des ſpectacles & theatres pour la
nuict, qui auancoit d'auátaige par l'umbrage des toilles tendues, en ſorte qu'on fut conſtrainct allumer grand nombre
de torches par les rues. Elle doncques ainſi conduicte iuſques

au

au Change trouua aussi Neptune auec Pallas, lequel auant que rien dire feit sortir son Cheual, puys dict

> Si ie uoulus le Roy tant estimer,
> Que mon Cheual dès Troye luy donnay,
> Ce mien Trident aussi uous destinay,
> Pour auec moy dominer la grand Mer.

Luy ayant monstré son Trident doré, comme le luy presentant, Pallas poursuyuit, après auoir premierement faict conuertir sa Lance en arbre de Paix.

> La France alors commenceant à aymer,
> Muay pour uous, Princesse sage & bonne,
> La guerre en paix, comme le Ciel s'adonne
> A uoz uertus haultement consommer.

Le plaisir receü de leur affectueuse demonstration, se destourna en la rue sainct Iean, ou elle ueit l'Occasion, qui luy presentoit sa moytie de la Monarchie du Monde preparee par elle au Roy, son heureux Prince & Consort. Delà suyuant son chemin en grand ioye & iubilation de tout le peuple grandement resiouy de sa uenue, arriua à Portefroc, ou Monseigneur le Cardinal de Ferrare, côme Arceuesque, en l'ordre du iour precedât, & auec Messieurs les, Doien, Chapitre, & Clergé de sainct Iean receurent sa Magesté auec un poille de damas blanc & uert, soubz lequel elle uint descendre à la grand Esglise, en laquelle, ayant prins l'eau beniste, fut receüe en l'Arceuesché auec un magnifique & sumptueux festin en la grand salle, ou le bal solennel dura long temps, après les tables leuees.

K

Le lendemain qui fut Mardy, Mesſieurs les Conſeilliers
de la Ville uindrent faire la reuerence à ſa Mageſté, & luy
preſenterent leur preſent en un eſtuy de uelours noir à paſſementz de fil d'argent & de ſoye noire, le dedans doublé de
ſatin cramoiſy. Lequel eſtoit d'un Roy armé à l'antique aſ-
ſis en une chaire, de laquelle le deuant, d'oſsier, & braſsieres
eſtoient de quatre croiſſantz gentement & à propos bien
inuentez: & le bas des arcz ioinctz, & entretenus des chiffres
de ſa deuiſe: Au deuant deux Deeſſes preſentant au mylieu
d'elles un Lion, qui ſe humilioit. L'une eſtoit Foy, deſignee
ſelon l'antiquité, tenant un pain en une main, & en l'autre
un uaſe. L'autre Liberalité auec une teſſere (qui eſt un dé en
forme de pirouëtte) & ſoubz le pied droict le diſque. Et tout
ſur une platte forme quarree mignonement, & artiſtement
ouuree de moulures & armoiries de la Ville. Aux deux mylieu des coſtez deux compartimentz, ou eſtoit, F I D E I
L I B E R A L I T A T I S. Q. P V B L I C AE D.
Après auoir eſté humainement receuz du Prince, & remerciez, uindrent faire leur debuoir enuers la Royne, à laquelle,
après la reuerence, & harengue en recommandation de la
Ville, luy preſenterent ſon preſent dans un eſtuy couuert de
uelours uert paſſementé d'argent, le dedás de ſatin cramoiſy. Lequel eſtoit la Deeſſe Proſperité aſsiſe, tenant entre ſes
bras deux cors d'abondance pleins de fruictz. Sur le haut
deſquelz ſortoit un Lys au mylieu, & lequel ſe ouuroit par
la cyme, & en yſſoient deux teſtes d'enfantz iuſques aux
eſpaulles. Et à ſes piedz un aultre enfant grandet ſe iouant à
une boule ronde eſmaillee de rouge, repreſentant les pom-
mes de ſes armoiries, & toutesfoys ceincte à trauers d'un
cercle d'or figurant le Zodiaque, pour demonſtrer Monſei-

gneur

gneur le Daulphin debuoir quelque iour s'emploier au gou
uernement du monde. Lesquelles figures posoient sur une
platte forme triangulaire aux armes de la Ville, & un tillet.

Le present receu à gré, & eux remerciez, le Roy & la Royne monterent apres disner dans leurs Gondoles, & s'allerent
esbatre sur la riuiere, ou ilz prindrent grandissime plaisir à
ueoir iouster ceulx de sainct Vincent, & sainct George, & se
renuerser & culebuter l'un sur l'autre dans l'eau. Et delà s'e-
batant uint ueoir les Galleres, que l'on preparoit pour la
Naumachie. Lesquelles neantmoins l'accompagnerent iusques en Serain tirant uers l'Isle auec bruict de Tabourins,
Fiffres, Trompettes, & Clerons resonnant sur ceste riuiere
d'un merueilleux resonnement & plaisant à ouir parmy
l'artillerie tant du Chasteau, que de celles des Galleres, esbat
certes, qui accompaigna merueilleusement bien la beaulté
de ce iour.

Le Mercredy fut festoié magnifiquement auec la Royne,
& les Dames, Princes, & Cardinaulx par Monseigneur le
Reuerendissime Cardinal de Ferrare en son Iardin de Ron-
talon, lequel il auoit faict magnifiquement accoustré, & par
Peintres excellens faict peindre à frais dedans & dehors, ou
les quatre Vertus Cardinales grandes au naturel accompa-
gnoient un grand escusson de France. Et entre le Palaïs & le
Iardin fut dressee une fueillee excellemment belle & bien
enrichie de force festons, escussons, & candelabres, soubz laquelle se fit le festin: & tout le Iardin suyuant la magnificence d'un si grand appareil auec plaisantes perspectiues pein-
ctes côtre le mur au fons des allees. Auquel lieu uindrent les
deux Capitaines des Enfantz de la Ville accompaignez de

leurs Lieutenantz, Enseignes, & grãd nombre de leurs com-
págnies, uestus de bonnet, casaquin, chausses, & scalpins de
uelours noir, le pourpoint de satin blanc, la plume blanche.
Et là presentez par Monseigneur de Guise firent la reuerence à sa Magesté, qui les receut d'un bon usage, comme Prince debonnaire. Après le bal du festin, le Roy & la Royne ensemble les autres Princes, Dames, & Cardinaulx, monterent
sur le grãd Bucentaure, & furent ueoir le grand ieu de Paulme, qu'on auoit expressement basty à Esnay le long de la riuiere pour delecter sa Magesté, si d'auanture il fust allé loger
en l'Abbaye. Lequel fut trouué (cõme il est) autant spacieux,
& d'autãt belle estoffe, que guieres que lon uoye, ayant deux
grandz croissantz d'argent sur le front & mylieu des murail
les des deux boutz: les galleries spacieusement amples à petites Colonnes tornoiees soubstenantz les baletz : auquel lieu
il se exercita despuis quelques iours apres. Delà se prome-
nerent sur l'eau dans le susdict Vaisseau accõpaigné des Brigantins, Gondoles, Fustes, & autres bateaux. Et quãt sa Magesté uoulut prendre son uin, lon descendit la collation, qui
estoit cachee dans le paneau du mylieu du lambris du planchier dudict uaisseau. Laquelle oultre l'inuention qui fut
trouuee gentile, cõme elle estoit certainemét, fut d'une grãd
magnificence de toutes sortes de confictures liquides & sec-
ches de Gennes, Espaigne, & Portugal, en diuerses sortes de
bestes formees enrichies descuffons, & petites banderolles
aux armes des Princes, Princesses, & Cardinaulx là presentz.
Et tout acoup aussi la sommellerie sortit toute preste du
fons de là carene du bateau, comme si les Dieux Celestes leur
enuoyassent d'en hault la collatió, & ceulx des eaux les uou-
lussent abreuer de leur manoir aquatique, qui donna grand
plai

plaiſir & côtentement à toute ceſte grãde & noble côpagnie.
S'eſtant ſa Mageſté retiree ſur les cinq heures du ſoir, entra
en la Salle de la Comedie, qui eſtoit d'un appareil ſumptueu
ſement riche, tant en petitz Anges uoletãtz, & nudz en l'aïr,
& tenãtz cierges allumez, que auſsi en tant d'autres figures à
demy boſſe grandes au naturel, chaſcune eſleuee ſoubz l'entree d'une porte à l'antique, & ſur la cornice de chaſque porte deux petitz Enfantz de relief ſoubſtenantz des feſtons à
fruictz moulez. Et eſtoient leſdictes grandz figures douze en
nôbre, ſix toguez à l'antique & corônez de Laurier, repreſen
tantz ſix Poëtes Florentins: les ſix autres armez à l'antique
pour les ſix Anceſtres de la maiſon de Medicis, qui furêt premiers reſtaurateurs des lettres Grecques, & Latines, Architecture, Sculpture, Painéture, & tous autres bons artz par
eulx reſuſcitez, & introduictz en l'Europe Chreſtiente, deſquelz là rudeſſe des Gôtz l'en auoient long temps deueſtue.
La perſpectiue de relief, & tout autour grãdz flambeaux de
cire blanche ſoubſtenus de maintes Harpies, & autres beſtes
eſtrãges toutes rondes pour eſclerer tant d'autres enrichiſ-
ſementz, qu'il ne reluiſoit leans que pur or fourby, ce ſembloit. Les Hiſtrions tant richement & diuerſement ueſtus de
ſatin & uelours cramoiſy, drap d'or, & d'argẽt, broché d'or,
auec la recreation de la diuerſité de la Muſique chãgeant ſelon les ſept Eages interuenãtz aux intermedies des actes accompaignez de Apollo chãtant & recitant au ſon de ſa lyre
pluſieurs belles rymes Thoſcanes à la louange du Roy. Et
ſans oblier une nouuelle mode, & non encor uſitee aux recitementz des Comedies, qui fut qu'elle cômenca par l'aduenement de l'Aube, qui uint trauerſant la place de la Perſpectiue & chantant ſur ſon Chariot trayné par deux coqz, &

K 3

finit aufsi par la furuenue de la Nuict couuerte d'eftoillès
portant un croiffant d'argent, & châtant dans fon Chariot
trainee par deux Cheueches en grãdifsime attétion & plaifance de tous fpectateurs. Lequel efbat fut à fa Magefté
d'une telle delectation, qu'il ne s'en uoulut contenter pour
une feule foys.

Le lendemain Ieudy après difner fur les uefpres il eut le
paffetemps d'une Naumachie de Galleres fuyuantz, quant à
la forme, l'antiquité: Mais, quát à la facon & enrichiffement
des proües & pouppes, faictes de nouuelle & folaftre inuention, toutesfoys trouuee trefbelle, côme font cômunement
toutes autres nouueautez. Defquelles deux grãdes eftoient
Capitaneffes. L'une de blanc, noir, & rouge. Et pour proüe
un col de befte hault efleué, & le deuát ployát en bas, & bien
auant fur l'eau, le bout d'icelluy finiffant en une groffe tefte
eftrange à groffes cornes. Les pauefades antiques figurees de
diuerfe grotefque à plaifir, foubftenues d'un rang de côfola-
tors, les bortz dorez, & argentez: l'entredeux de rofes, fleurs,
& teftes de Lions d'or, & d'argent entremeflees: le uentre de
la pouppe armé de grãdz lames de baftons antiques tous de
fer, pour foubftenir l'abbord & rencontre : & le deffoubz, &
autour enrichiz de diuers actes de Hercules à demy relief, &
bien eftoffez. La pouppe d'un berfeau arrondy, côme d'une
treille d'argent & noir, deux grandz croiffantz aux deux
frontz du deffus: & deffoubz celluy deuant le col d'un autre
animal, qui en tournoiant fe forgettoit fur le dedans de la
Gallere : au bout pendoit une petite lanterne doree, ladicte
pouppe couuerte d'un aornement de taffetas blanc & noir
fleuretté d'ouurage damafquin. Et auoit la fufdicte Capita-
neffe deux autres petites Galleres de diuerfes formes: l'une à
poup

poupppe d'un pauillon: l'autre fuyuát autrement:les proūes
de diuerfes hures de beftes,toutes neátmoins d'une couleur:
la Chiorme reueftue de rouge à manteaux antiques.L'autre
Capitanefle de blanc & uert môftroit fa poupped'un demy
berfeau triangulaire reprenant fa moytie de poincte par le
mylicu lambrisé dedans à fleurs, un pendant de taffetasà
lambeaux & houppes fur le front de la reprife.Au bout de la
poincte contournee en forme de Serpent pendoit la petite lanterne pour Fanal. En lieu de pauefade une drapperie,
comme de damas uiolet, à lambeaux arrondiz & chargez de
houppes pendantes. A laquelle eftoient appliquees groffes
mafques begerres & eftranges eftoffees d'or,d'argent,bron-
ze, & incarnation. La proūe d'une tefte d'or de Chieure
monftrueufe à grand col de grue, fe ployant en dedans au
rebours de l'autre. Au mylicu l'arbre, & cordes, fartes,
rames, & tout autre artillage de blanc & uert: la demye
Gabbie enuironnee de petitz pauois entrefeparez à force
traictz & dardz monftrantz le fer d'argent, & au deffus la
bannerolle de taffetas blanc & uert, pour diuerfifier à celle
de l'autre Capitanefle, qui auoit fa Gabbie toute ronde, &
la bannerolle blanche & noire,que i'auois obmis de dire.
Les deux autres petites de fa fuytte uarioient de forme,tou-
tesfoys côfonnante aux couleurs,auec leur Chiorme uerte.
Ainfi equipees & armees,les proūes, & flans des pouppes, &
courfies, qui s'eftendoient le long des deux coftez des pauefades, furent remplies de Soldatz tous armez de mourrions
dorez,pauois,rondelles,targues,cymeterres,coultellaz,ran
cons,partefanons, & autres diuerfes armes à afte, grenades,
lances,trôpes, & potz à feu.Et en tel armement defpartirent
du Port des Auguftins, les noires premieres, leur Capitanefle

neſſe deuant, les autres ſuyuantz auec petites Fuſtes & Bar-
ques pour le ſecours de ceulx, qui pourroient eſtre renuer-
ſez en l'eau, les uertes leur eſtant à la queüe auec ſi grand
bruict d'Artillerie, Harquebouſes, Trompettes, Clerons,
Haulxbois, Cornetz, Tabourins, & Fiffres tant de Galleres,
que des autres uaiſſeaux, ou les Capitaines des Enfantz de la
Ville, & des Meſtiers eſtoient, chaſcun ſur le ſien accōpaigné
des ſiens auec Hallebardes, Parteſanes, & Hacquebutes, &
autres armes cleremēt reluiſantes ſur ceſte riuiere, qui don-
noient un effroy de guerre, & neantmoins une ioye & contentement incredible à ueoir. Les premiers donques s'en allerent ſurgir à Eſnay, ou ſa Mageſté ſe exercitoit ce pendant
à la Paulme, & les uertes ſe rangerent uers le Pont de Saone,
tournāt le dos à leurs ennemys. Et tandis qu'il s'appreſtoient
de bien les receuoir, les Portz, feneſtres, toictz des maiſons,
& clochiers des deux coſtez de l'eau ſe r'amplirent tout
acoup de tant de gentz, & la riuiere fut tellement couuerte
de toute partz d'une ſi grande infinité de bateaux, qu'on
n'euſt ſceu ueoir que les riuages noircir d'une ineſtimable
confuſion. Sur ce ſa Mageſté uint ſur ſon Bucentaure ſuiuy
des Brigātins, Fuſtes, & Gondoles, & autres uaiſſeaux pleins
de Princes, Princeſſes, Dames, & Seigneurs, & ſe parquerent
droict des Celeſtins pour eſtre iuſtement au mylieu de la
trāquillité de l'eau. Et ſoubdain que ſon bateau fut arreſté,
ceulx d'embas firent ſigne de leur deſpart, deſchargeant leur
Artillerie. Les uertz alors tournerent proüe tout acoup, &
ſe rangerent les Capitaneſſes au mylieu, les deux moiennes
ſur les æſles en forme de croiſſant ſuiuyes ſur la queüe de
leurs Barquotz & Fuſtes. Et cōme ilz ſe ueirent près les uns
des autres, les Trompettes cōmencerent à ſonner l'alarme,

&

& foubdain les Galleres uindrent à toute extreme force de
rames à fe inueſtir l'une l'autre : grandes contre grandes, petites contre petites, & tout d'un front : ou à ceſt aſſault fut
faiſt un tel chamallis d'armes tranchantes, que lon euſt iuré
aſſeurément qu'ilz cõbatoient mortellement & à oultran-
ce, qui ne fut ſans eſbahiſſement & peur à pluſieurs regardantz. Apres ce premier & furieux aſſault, les plus foibles ſe
deſharperent, & reprint chaſcun ſa uolte iuſques au ſecond
aſſault. Lequel cõmenceant à ſonner, les moïennes des deux
partz furent aſſaillir les grandes par proüe & pouppe, leſ-
quelles ſe defendirent uaillamment, en forte que les petites,
uoyant qu'elles perdoient temps, ſe retirerent tant d'une
part, que d'autre. Au troyſieſme abort les petites uindrent
de front pour ſe afferrer l'une l'autre, leurs Capitaneſſes à la
queüe pour les ſecourir. Et à ceſte rencontre commencerent
à tirer des deux partz grenades, & potz à feu bruſlantz &
courantz à trauers l'eau, & à lancer trompes à feu ſi dextre-
ment, que nul n'en fut offencé, combien que à ceſte charge la
martellerie fuſt ſi aſpre & ſi grande, que les deux noires mirent à fons une des uertes. Et alors bouterent feu à l'artillerie : trompettes, & tabourins à ſonner auec les harqueboufes des autres bateaux des Enfantz &
Meſtiers de la Ville, & d'une ſi grande
huerie, tumulte, & bruiſt de ioye
& de Victoire, qu'on ne ſe
pouoit ouir l'un
l'autre.

⁎

La Gallere blanche
noire & rouge.

La

La Gallere blan-
che & verte.

Le Bucentaure.

Sa

SA Magesté alors, uoyant que la nuict descendoit, feit monter son bateau iusques à l'Obseruance : lequel fut accópaigné tant de toutes les Galleres, Brigantins, Fustes, bateaux des Capitaines, Enfantz de Ville, gentz de Mestier, que de tout ce grád nombre de tous ceulx estátz sur la riuiere presentz à l'esbatemét : lesquelz estoient certes en si grande quátité, que les poissons se pouoient dire couuertz, cóme soubz l'umbrage d'une crouste de glace contenant uniment tout le dessus de la riuiere. Mais ce fut auec un plaisir incredible & inestimable, mesmes à qui le ueoit. Et en ceste fanfare d'allegresse sa Magesté alla soupper au dict Couuent de l'Obseruáce, ou il fut attendu iusques sur les sept heures, qu'il monta en son Nauire auec grád lumiere de torches. Et sur l'heure les deux grandz Galleres le receurent, son uaisseau tousiours uogant au mylieu d'elles. Et ainsi qu'ilz furent soubz le Chasteau de Pierrencise, estát le téps calme, la nuict seraine, & neantmoins sans Lune, on ne se dóna garde que l'artillerie tant du Chasteau, que des Galleres, desparra auec si grand tonnerre, & retondissement de la riuiere, & des deux montaignes si uoisines, qu'il sembloit proprement qu'elles & la forteresse ruinassent sur eulx. Et les Galleres delascherent une infinité de fusees si dru & menu, que l'une n'attédoit l'autre. Lesquelles faisoient au mourir un son tel que d'une hacquebute : & lequel pour la reuerberation des roches se redoubloit de sorte, que deux ou troys fusees seulement faisoient autant de bruict, que dix ou douze harqueboufes. Et auec une secóde charge chascun des deux grandz uaisseaux meit feu à leur moulin à feu, qui estoit d'une roüe tournoiant par uiolence de feu artificiel auec une grád flamme mettant d'elle mesme le feu à cent Fusees rangees tout

L 3

autour d'elle, lefquélles deflogerent tout acoup, les unes en
hault, les autres à trauers l'eau, non fans une fi grand tépefte
de bruict, & d'une fi grand lumiere, qu'il fembloit à chafcun
que toute la riuiere ardift, & tous les bateaux fuffent en feu,
ce qui feit belle peur à plufieurs, & mefme à telz, qui crioient,
& fe gettoient aux fons des bateaux auec grádifsime rifee &
plaifir des plus affeurez regardátz. Ainfi en ceft efbatement
fut conduict iufques en fon port. Defcendu qu'il fut commenca le bal, duquel il fe retira quafi aufsi toft.

   Le Vendredy iour fuyuát eut l'efbat des Gladiateurs, qu'il
uoulut encores reueoir, lefquelz luy en donnerent le paffe-
téps en la Salle du bal deuát la Royne, qui ne les auoit aulcu-
nement ueuz, à quoy il prin grád plaifir iufques à l'heure de
uefpres, lefquelles il uoulut folénifer pour la ueille de fainct
Michel, en laquelle il fut & celebra le Chapitre des Cheualiers de l'ordre, qui n'auoit de lon téps efté faict en Fráce.
Par ainfi fa Magefté fut ouir les uefpres en l'ordre, qui s'en-
fuyt. Apres les Suiffes & leurs Tabourin & Fiffre fonnát les
cent Gentilzhommes auec leurs haches, marchoit premierement le Huifsier de l'ordre ueftu d'une robe longue de fatin
blanc, & d'un chapperon à bourrellet, cóme les aduocatz de
Paris, lequel eftoit de fatin cramoify rouge, la cornette autour du col, & le chapperon eftendu derriere, & attaché fur
les efpaules, portát une groffe maffe d'argent doré, le deffus
faict auec les armoiries du Roy coronnees. Apres luy le He-
rault de l'ordre, le Greffier, & le Maiftre des ceremonies tous
d'un pareil acouftrement, chafcun fa coquille d'or pendant
au col, & tous au deuant de Monfeigneur le Reuerédifsime
Cardinal de Guife, qui marchoit en ce rang cóme Chancel-
lier de l'ordre, ueftu par deffus fon roquet d'un máteau rond

de

de uelours blanc attaché fur l'efpaule droicte & rebrafsé fur
l'autre:fon chapperon de uelours cramoify rouge. Les Cheualiers de l'ordre uenoient fuyuamment deux à deux felon
leur rang & qualité auec chafcun fon manteau rond iufques
à terre tout de drap d'argent attaché & rebrafsé femblablement,côme deffus,tout autour un rang de riche broderie de
croiffantz fe ioignantz oppofitement deffus & deffoubz à
l'imitation d'une nué à force rays & flammes d'or entre lefdictz croiffantz. Et au deffoubz un autre rang de l'ordre de
femblable riche broderie:le chapperon de uelours cramoify
bordé pareillemét de telle broderie de l'ordre. Et par deffus
icelluy portoient le grand ordre: tout l'accouftrement de
deffoubz de uelours,ou fatin blanc,& en nôbre de dixhuict,
Meffeigneurs de Vendofme, & de Guife les derniers. Puys
uenoit fa Magefté ueftu de mefme les autres,excepté que fon
accouftremét eftoit enrichy d'auantage de merueilleufemét
groffes perles, & quelques frange d'or tout autour de fon
mâteau. Meffeigneurs les Cardinaulx de Bourbon, Védof-
me,Lorraine,& Ferrare reueftus de leurs roqüetz & grandz
chappes de Cardinal de camelot rouge. Tous lefquelz en
cefte pôpe entrerent au chœur de la grád Efglife fainct Iean
bien en ordre & richemét tapifsé: Sa Magefté en la place du
Doien:les autres felon leur rang, laiffant les places de leurs
compaignons abfens uuides. Et au deffus de chafcune place
eftoient attachees les armoiries & noms des Princes abfens,
& des prefentz feulement. Auprés du grád Autel fut dreffé
un parquet hault richemét paré pour la Royne &les Dames.
Le foir fa Magefté uoulut encor ouir reciter la Comedie
pour la feconde foys.Laquelle fut aufsi de rechief reioüee le
Lundy apres pour Mefsieurs du grand Confeil, & autres de

la

la Ville, qui n'auoient peu entrer aux premiers recitementz.

Le Samedy matin, iour sainct Michel, le Roy & les Cheualiers de l'ordre furent ouir la grãd Messe en pareil ordre, que du soir: Mais auec si grãd foule de peuple, qu'a peine pouoient ilz passer. Et la grand solennité fut à l'offerte obseruant les anciennes ceremonies belle à ueoir. Au sortir de là uindrent tous disner ensemble en la grand Salle du logis du Roy, la table de sa Magesté au mylieu, cõtinuant les uespres dudict iour, uestus toutesfoys de grand robes de dueil, le chapperon à bourrelet, & tout le reste de leur uestement de drap noir. Le Roy semblablemẽt, mais descarlatte uiolette, celebrant la memoire de leurs compaignons trepassez.

Le iour suyuant, qui fut Dymanche, furent aussi ouir la grãd messe, cõme le iour precedant, & en habit du soir: ou au sortir sa Magesté toucha les malades, puys disnerent encor ensemble. Apres soupper ueit brusler une nef à quatre chastelletz assaillie & tournoyee des grãdz Galleres auec mille artifices de feu & Fusees, & ledict uaisseau chargé de canons de boys faisantz grãd effroy ainsi qu'ilz delascherent, selon l'amorce, qui cõmenca par la Gabbie, & par une teste de Dragon seruãt de poincte de proüe, en grãd spectacle de torches, lanternes, & chãdelles le long du bort de la riuiere, uoulãtz (ce sembloit) cõtendre de nombre à la multitude des estoilles (s'il eust faict cler) & resister à la pluye qu'il faisoit.

Le Iour d'après, qui fut le Lundy premier d'Octobre, sa Magesté despartit pour s'en retourner à Fontaine belleau auec la Royne autant content & satisfaict du debuoir de la Ville, comme Prince uertueux & bening, s'il en fut oncques. Dieu luy doint prosperer en saine, longue, & heureuse uie.

A M E N.